Hans Georg Meyer

Der richtige Berliner

In Wörtern und Redensarten

Hans Georg Meyer

Der richtige Berliner
In Wörtern und Redensarten

ISBN/EAN: 9783743449183

Hergestellt in Europa, USA, Kanada, Australien, Japan

Cover: Foto ©Andreas Hilbeck / pixelio.de

Hans Georg Meyer

Der richtige Berliner

Der richtige Berliner

in

Wörtern und Redensarten.

Dritte,
vermehrte und verbesserte Auflage.

Berlin 1880.
Druck und Verlag von H. S. Hermann.
SW. Beuthstr. 8.

Aus den früheren Vorreden.

———

Die Herausgeber dieses Buches sind mit Spreewasser getauft und sprechen das Berlinische von Kindesbeinen an als ihre Muttersprache. Gerade jetzt liegt der Gedanke nahe, die Schätze, die wir im Stillen gesammelt haben, allen Spree-Athenern zugänglich zu machen, da der Charakter der Berlinischen Volks-sprache in folge der freizügigkeit und der ungeheuren Vermehrung der Be-völkerung sich immer mehr zu verwischen droht.

Als leitender Grundsatz stand uns oben an, daß aufge-nommen werden solle, was an Wörtern und Redensarten in Berlin üblich ist und nicht der hochdeutschen Schriftsprache an-gehört.

Da das Berlinische im Niederdeutschen wurzelt und noch jetzt beständig von ihm beeinflußt wird, so war es unvermeidlich, Vieles aufzunehmen, was auch anderwärts in Deutschland bekannt ist.*)

Auch ist das Wort Schriftsprache cum grano salis zu nehmen. Selbst bei unsern Klassikern finden sich hier und da Ausdrücke, die in unser Gebiet fallen, und Schriftsteller, die mit Vorliebe aus der Volkssprache schöpfen, haben Vieles, was nicht der eigentlichen Schriftsprache angehört und in Berlin ge-sprochen wird.

Die Summe der nach jenem Grundsatze gesammelten Wörter und Redensarten ist jedenfalls das, was der Berlinischen Sprache ihren Charakter verleiht.

———

*) Ein Nichtberliner sagt darüber sehr treffend (Deutsches Schulmuseum 1879 No. 2): „Bei der Schwierigkeit freilich, hier eine feste Grenze zwischen den einheimischen und den einge-schleppten Redensarten zu finden, da von der heutigen Bevölkerung Berlins nur ein ganz geringer Bruchtheil Ureinwohner sind, finden wir als Eingewanderte manches Wort, das uns als Remi-niscenz aus der fern von hier verlebten Jugendzeit auf die heimathlichen fluren zurückführt. Da-durch aber, daß das Buch zeigt, wie die verschiedenartigsten deutschen Gaue in Berlin im Kampf um's Dasein ihre Eigenthümlichkeiten preisgeben, um sie später als Gemeingut des „richtigen Berliners" wiederzufinden, wird es auch in andern, als in den vom Titel gekennzeichneten Kreisen lesenswerth."

Der Zweck unserer Sammlung ist nicht etwa ein wissenschaftlicher. Das Buch ist vor allen Andern für geborene Berliner bestimmt, die sich freuen werden, den heimatlichen Sprachreichthum gesammelt vor Augen zu sehen und sich mancher vielleicht längst vergessenen Jugendscherze, Schulausdrücke, Verse und Kinderspiele zu erinnern. Wenn jeder Berliner, dem unser Buch in die Hände fällt, nur einen Abglanz des kindlichen Vergnügens empfindet, das wir bei der Sammlung und Sichtung genossen haben, so sind wir zufrieden.

Ohne Zweifel wird Mancher Manches vermissen; man bedenke indessen, daß es in jedem Kreise, ja in jeder Familie eine Reihe von Ausdrücken giebt, die man, weil man sie von Jugend auf gehört hat, leicht irrthümlich für Berlinisch zu halten geneigt ist. Ferner möchten wir einem nahe liegenden Irrthum vorbeugen: man suche nicht Ausdrücke, die dem Studententhum, dem Militair oder dem Judenthum angehören; von diesen sind nur die wenigen wirklich in die Volkssprache übergegangenen berücksichtigt. Wir haben außerdem, um das Buch möglichst weiten Kreisen zugänglich zu machen, alle anstößigen Wörter und Wendungen ausgeschlossen.

In einem Anhang haben wir die Ausdrücke für einige Lieblings- begriffe des Berliners zusammengestellt, also ein paar Artikel eines Hochdeutsch- Berlinischen Wörterbuchs gegeben. Das bedarf indessen für Jeden, dem die Volksseele des Berliners ein Geheimniß ist, einer Erläuterung. Wenn man aus diesem Anhang den Schluß zieht, daß der Berliner gern trinkt und sich mit Vorliebe prügelt, so wird sich wenig dagegen einwenden lassen: diese Anlagen theilt er mit allen Germanen. Aber man soll nicht zu weit gehen und glauben, der Berliner sei etwa zur Verschwendung geneigt, oder der Spitzbüberei ergeben, oder er wundere sich andauernd. Die zahlreichen Ausdrücke für diese Begriffe entspringen vielmehr seiner Neigung zur Kritik und dem geistigen Bedürfniß, für den Ausdruck seines Urtheils und seiner Empfindungen über die feinsten Nüancen zu verfügen. Ein lehrreiches Beispiel: Der Berliner wundert sich außerordentlich selten; sein Standpunkt ist wesentlich ein erhabener; er huldigt im Bewußtsein seiner gereiften Erfahrung, seiner aufgeklärten Lebensansicht dem nil admirari. Und doch verfügt er für den Fall des Erstaunens über die ganze Stufenleiter vom einfachen „Nanu!" bis zu dem plastischen „Da schlag' eener lang hin!" Selbst im trockenen Bericht über ein verwunder- liches Ereigniß kann er in einer Fülle von Wendungen wählen, von dem ruhigen: „Mein erster Jedanke war Donnerwetter!" bis zu dem genial- phantasiischen: „Ick denke, der Affe laust mir!" Die Beobachtung des Ber- linischen ergiebt manchen interessanten Schluß auf die vielseitige, geistig regsame, scharf beobachtende, im Grunde gutmüthige, aber selbstbewußte, ironische und pietätlose Natur des echten Berliners. Wer ein deutliches Bild dieses Charakters haben will, der mag unser Wörterbuch emsig studiren, nicht aber aus dem Anhang ein übereiltes Urtheil schöpfen.

Wir wissen sehr gut, daß unser Wörterbuch auch jetzt noch nicht vollkommen ist; darum legen wir es von Neuem allen richtigen Berlinern an's Herz. Vielleicht wird das Buch einmal, wenn Viele dauernd an seiner Vervollkommnung arbeiten, ein Gemeingut aller gebildeten Eingeborenen, in dem von Zeit zu Zeit der wechselnde Bestand unsers geliebten Neuhochberlinisch und damit ein Stückchen Kulturgeschichte aufgefangen wird.

Zur dritten Auflage.

Die dritte Auflage enthält fast doppelt soviele Artikel wie die zweite und ist im Einzelnen überall berichtigt worden. Neue Zugaben sind auf Anregung treuer Mitarbeiter entstanden: eine Zusammenstellung der grammatischen Eigenthümlichkeiten des Berlinischen und eine Sammlung der in Berlin üblichen Kinderspiele.

Auch diesmal sagen wir allen unsern fleißigen Mitarbeitern den freundlichsten Dank und bitten sie dringend, in ihrem vaterländischen Eifer nicht zu erkalten.

G. W. verweist auf Georg Büchmanns „Geflügelte Worte". 11. Aufl. 1879.

Verse, Spiele, Scherze und darauf bezügliche Ausdrücke siehe am Schluß.

Zur Orthographie und Aussprache.

Eine gleichmäßige Schreibung konnten wir nicht einhalten, weil die aufgenommenen Wörter und Redensarten Kreisen von verschiedener Bildung angehören, also zum Theil nur in hochdeutscher, zum Theil nur in berlinischer Form gebraucht werden. Wir haben es ferner vermieden, die Aussprache des Berlinischen in der Schrift vollständig wiederzugeben, um den Lesern nicht das Verständniß zu erschweren, und lassen dafür einige Bemerkungen über die Aussprache unten folgen; wir haben uns darauf beschränkt, im Text das hochdeutsche g durch j, t durch d, pf durch p oder f, ei und au durch ee und oo, in Fremdwörtern c, k und ch durch z und sch zu ersetzen, außerdem in einzelnen Fällen Eigenthümlichkeiten der Aussprache wiederzugeben und die üblichsten Verkürzungen und Verschleifungen der Wörter beizubehalten.

Für zwei Laute, die dem Hochdeutschen fehlen, sind besondere Zeichen eingeführt: für das weiche s nach kurzem Vokal z (Fuzel, krizelig), für das weiche sch (das französische g in geniren) g, z. B. Gum, Drege.

Die Redensarten sind nach dem ersten charakteristischen Worte, das sie enthalten, eingeordnet.

Der berlinische Dialekt steht in der Mitte zwischen dem Hochdeutschen (d. h. dem Schriftdeutschen) und dem Plattdeutschen, ist aber durch den Einfluss der Schriftsprache und der Nachbardialekte so sehr mit den verschiedenartigsten fremden Elementen versetzt, dass von einer Regelmässigkeit in dem Verhältniss zu den genannten Hauptdialekten nicht mehr die Rede sein kann. Viele Wörter werden nur in hochdeutscher Form gebraucht, andere, wie *kiesetig*, *Oller*, *Kiekel*, *Krus*, *stekern*, *Spruten*, *talen*, *Kule* in *Kulpadde*, *Schinderkule*, sind ganz niederdeutsch. Man findet hauptsächlich folgende Unterschiede zwischen dem Berlinischen und dem Hochdeutschen:

Das Berlinische hat, wie das Plattdeutsche, *d* für *t*, im Anlaut des Wortes sehr häufig (s. S. 15 ff.), inlautend fast nur nach kurzem Vokal: *jneddrig* (vergnittert), *lodderig*, *schliddern*, *Zoddel* u. s. w. Es hat dagegen das hochdeutsche *z*, *tz*, *ss*, *s*, wo das Plattdeutsche *t* hat, mit Ausnahme der Neutra: *et*, *det*, *wat*, *kleenet*, für welche nur Gebildetere *es*, *das* sagen; doch lauten die Neutra von *mein*, *dein*, *fein*, *een*, *keen* auf *ns* aus: *meins*, *eens*. — *t* spricht man für *d* in *Natel*. — Da *ns* und *nz* im Auslaut gleich sind, so hat man nach dem Muster von *Jense* (Gänse) zu *Jans* auch *Schwense* und *Krense* zu *Schwanz* und *Kranz* gebildet.

pf wird wie *f* gesprochen; doch steht dafür in den meisten Fällen *p*, z. B. *Proppen*, *Strump*, *Karpe*, *knippern* (knüpfen). — Wie *dd* für *tt*, findet sich *bb* für *pp*: *Ribbe*, *strubbelig* u. s. w. — *b* für *f* in *Stiebel*, *Schwebel*, *Deibel*, *Keber*, *Haber*, *w* in *Pulwer*, *fümwe* (fünf), *ölwe* (elf), *Briewe*, *Höwe*, *wiewe* (vif), *schiewer*.

Ausnahmsweise wird *ch* durch *k* ersetzt in *ick* und der Verkleinerungs-
silbe *-ken*, z. B. *Menneken* von *Mann*; aber man sagt stets *Meeken* (Mädchen).
ch wird zu *j* in der Endung *lich* vor Vokalen: *fürchterlije* wie *eenije*.
Aus *nichts* ist *nischt* geworden. — *g* fehlt dem Berlinischen; es wird im
Anlaut, hinter hellen Vokalen und *r*, *l* wie *j*, hinter *a*, *o*, *u* wie *gh*, d. i. wie
ein weiches *ch* ausgesprochen; also *Ooge* (Auge), *schlagen*, *Roggen* mit *gh*,
aber *Schleje*, *Morjen*, *Bäljer*. *gh* findet sich aber nur, wenn eine im Deutschen
gebräuchliche Endung darauf folgt; sonst steht auch nach dunklen Vokalen *j*,
also *Hujo*, *Aujust*, *Trajödje*, *Theolojie*, aber *tragisch*, *Theologe* mit *gh*. Für
j und *gh* muss in gewissen Fällen das entsprechende *ch* eintreten; vgl. *Dag*
(*Tag* und *Dach* sind nicht zu unterscheiden), *König* (spr. Keenich), *arg*, *Talg*,
sagst, *lügt* (spr. liecht), *sorgt*, *folgt*, auch in *möglich* (spr. meechlich) u. ähnl.,
Jagd, *Magd*, *Magdeburg*. — *k* wird wie *ch* gesprochen in *Markt* und
Kalk. — *ng* lautet inlautend wie im Hochdeutschen, auslautend wie *nk* (so auch
in Zusammensetzungen, vgl. *langweilig*).

Hartes *s* wird hinter *r* zu *sch*, weiches zu *g* (dem *g* in *geniren*): *Barsch*
(Bars), *Durscht*, *Kürschte*, *borschtig*, *Forsche*, *Hirge*, *Wirgekohl*. Dies geschieht
nicht, wenn *s* oder *st* zur Endung gehört, z. B. in *vorderste*, *kletterst*; wenn
die Redensarten *aberscht nanu* und *su överscht* gebraucht werden, so ist dies
ursprünglich ebensowenig berlinisch, wie *mehrschtendeels*, *swarschtens*. Auch
wenn *r* in der unbetonten Silbe steht, bleibt *s*, z. B. in *Petasilje*.

r nähert sich in der Aussprache dem oben bezeichneten *gh*, so dass
Waaren und *Wagen* nicht zu unterscheiden sind. Nach kurzen Vokalen wird
rt und *rz* wie *cht*, *chz*, *rst* wie *rscht* gesprochen; so in *Jarten*, *fort*, *Jürtel*,
vierzehn (spr. *Jichtel*, *fichzen*) mit dem *ch*, das sonst nur nach *a*, *o*, *u* gesprochen wird), *Durscht* (s. o.). Diese Aussprache des *r* tritt nicht ein, wo
rrt geschrieben wird (*knarrt*) und in unbetonten Silben. Nach langen Vokalen
wird *r* zu einem ganz kurzen *a*: in *Erde*, *Ohr*, *führst* (*Eade*, *Ooa*, *feast*, nicht
etwa zweisilbig zu sprechen), *er*, *der*, *dir*, *mir*, wir lauten nur betont *eea*
u. s. w., unbetont *a*, *da*, *ma*, *wa*, z. B. *hattat* (hat er es). Nach langem *a*
wird *r* vor *t*, *z* und *st* zu *ch*: in *Bart* (Baacht), *artig*, *Hart*, *sparst*; im Auslaut
und in unbetonten Silben wird es nicht gesprochen, so in *paar*, *Jahr*, *war*,
wahr (beide *waa*), *gar* (jaa), *Oskar*, *dankbarste*. *er* (*or*) *re* (*ere*, *eri*), *rer* in
unbetonten Silben werden zu *a*, z. B. in *Bauer* (vgl. *Wächtaa!* beim Rufen),
Doktor, *vorderste*, *hundert*, *ärjern* (ärjan), *verloren* (falooan), *Ohren*, *längeren*,
Schneiderin, *Maurer* (*Maua*, also wie *Mauer*), *Bohrer* (Booa). Auch *Herr*
wird als Titel zu einem *Ha*. *re* bleibt aber nach *a* und wenn es das Wort
schliesst: *Waaren*, *Fahrer* (Fahra), *fahre*, *saure*, *Diere* (*Thür* und *Thiere*);
doch sagt man *laua*, *kletta* für *laure*, *klettere*. Auch unbetontes *ar* wird zuweilen zu *a*, z. B. in *Katoffel*, *Schalotte*, *Schateken*, woher dann fälschlich
als hochdeutsch *Karnickel*, *Kartun*, *Karnalje* gebildet werden.

Unbetontes *en*, *ne*, *nen* wird blos *n* gesprochen: *Rejen* und *rejnen* (spr.
rejn), *rejnete* (rejnte). *-den*, *-ben* werden zu *dn*, *bm* und dann zuweilen zu *n*,
m; z. B. in *werden* (weern), *jeworden* (worrn), *ordentlich* (orntlich), *haben*
(haam), *Abend* (Aamt), seltener in *sieben*. Auch *jun* für *juten* in *jun Morjen*,
eintlich für *eijentlich*. *Athem* wird *Aatn*.

Von den kurzen Vokalen sind *i* und *ü*, *e*, *ä* und *ö* zusammengefallen.
i und *ü* lauten meist wie *i*, vor *r* und Lippenlauten dem hochdeutschen *ü*
ähnlich, z. B. in *Birne*, *Kirche*; die Aussprache *er* für *ir*, *ür* ist nur scherzhaft und nicht eigentlich berlinisch (in *Kerche*, *ferchterlich*, *Ferscht*). Auch
ur wird *ür* gesprochen (*Mürmel*, *Thürm*, *Brandenbürjer Dohr*); doch ist diese
Aussprache nicht allgemein. *e*, *ö* und *ä* klingen gewöhnlich wie *ä*, vor *k*, *g*,
ch, *ng* wie *e*, in einigen Wörtern wie *ö* (*ölwe*, *zwölwe* = elf, zwölf).

Die langen Vokale *e*, *ä*, *ö* und *ee* lauten wie das französische *é*; langes
ü wie *i*; *äu*, *eu*, *ei* wie *ai*. Dem hochdeutschen *ei* und *au* entspricht, wie im

Plattdeutschen, zweierlei: *ee* und *oo*, vgl. *een, Arbeet, Boom, Droom, koofen*; dagegen *ei* und *au*, wo das Plattdeutsche langes *i* und *u* hat, z. B. *Wein, Haus*. Wenn *äu* Umlaut von *au = oo* ist, entspricht ihm *ö* (spr. *e*), also *drömerig* (träumerisch), aber *Häuser* (spr. Haiser). Eine Anzahl einsilbiger Wörter ist kurz zu sprechen: *Dag, Drah, Hof, Jas, Jlas, Jras, Rad, Schlag, Zug* u. a. m., aber lang in der Mehrheit: *Dage, Jläser*. Ebenso noch die Adverbia *weg* und *wol*. Kurz sind auch *ville* (viel), *wievel* (wieviel), *widder* (wieder), *jib, jibst, jibt* von *jeben, ligst, ligt* von *liejen, sist* neben *siehste* und *simmaa* neben *seh maa* von *sehen*; dazu kommen *enzeln, Letter, Emmer, klenner* neben *kleener, Dinstag, Schnittloch, dreiten* (-zehn), *jenuch* (genug) und *krist, krigt, jekrigt* von *kriejen.*

Du, die, sie werden meist zu *de, se* verkürzt, vor *'n* sogar zu *d, s*, z. B. *hastn* (hast du ihn), *hatsn* (hat sie denn), auch *hastsn* (hast du sie denn). *zu* wird *se, sa* (za Hause). *so'n* (so ein, solch) wird *sonn.*

Die Endungen *in* und *isch* verlieren ihren Vokal: *Schneidern* (Schneiderin, Frau Schneider); *jlupsch, tücksch, franzö'sche Strasse, vor'l schle'sche Dohr.*

Ausser in den angegebenen Fällen werden auch sonst häufig Laute ausgestossen. Man sagt *k* für *ick, t* für *et, det*; *n* für *ihn, den, een, eenen, denn*; *ne* für *eene; ran* u. s. w. für *heran. nich, is, un, sin* (seltener), *wer* für *nicht, ist, und, sind, werde*; *Meechen, Ornung* für *Mädchen, Ordnung. haa* für *habe. krist, Buhstabe* für *kriegst, Buchstabe; do, no, zei* für *doch, noch, zeig* (donnich, nonnich, nommaa, zei' maa, zei' dommaa). *wist, wit* für *wirst, wird; watte!* neben *warte!; waast, waan, waat* für *warst, waren, wart. maa, wist, sost* für *mal, willst, sollst; so* für *soll* besonders in *sock* (soll ich) und *somma* (soll mal); *Willem, Mauschelle* für *Wilhelm, Maulschelle. Fuffzen, fuffzig* für *funfzehn, funfzig; eemaa, sehmaa* für *einmal, zehnmal.*

Zur Grammatik.

Viele Hauptwörter weichen im Geschlecht ab:

Männlich sind: *Band* (zum binden), *Blei, Datum, Jas, Jummi, Mus, Oel, Petroljum, Seidel, Sieb, Soffa, Streichholz, Tuch, Wachs.*

Weiblich: Die Namen der Buchstaben ("Die *A* is zu jross"); *Droppe, Finke, Karpe, Karre, Kinne, Knice, Muffe, Rabe, Zacke.*

Sächlich: *Bleistift, Monat, Sarg, Schnur, Siejelack, Strick, Wurm.*

Manche Wörter haben im Auslaut ein *e*, das im Hochdeutschen fehlt: *Bahne, Banke, Diere* (Thür), *Musike, Uhre; Bette, Hemde, Jesichte, Spinde, Stücke*. Besonders die kurzen Vornamen haben ein solches *e*: *Aute, Ede, Fritze, Maxe, Nante, Otte, Paule*. Ebenso haben einige Adjektiva das *e*, z. B. *dicke, dünne, feste, kuhle* (kühl): "Er is zu dicke". Endlich die Zahlen von *viere* bis *zwölwe* (ausser *sieben*), wenn sie nicht beim Hauptwort stehen; *zwete* und *dreie* sind selten.

Häufig werden Wörter auf *-de* gebraucht, wie *Dickde, Höchde, Längde.*

Für die Endungen *-ler* und *-ner* hinter Consonanten braucht man auch noch *-leer* und *-neer*, z. B. *Adleer, Kellneer.*

Das verkleinernde *-ken* tritt zuweilen an Adverbia: *sachteken, schöneken, sehreken* (s. Vers 9.)

Bei Zusammensetzung zweier Wörter bekommt das erste ein *s* in: *Rindsvieh, Schafskopp, Menschenskind*; auch vor *-ken* findet sich *s*: *Endsken, Hüppsken, Stücksken* u. a.

Indeklinable Wörter werden als Adjektiva deklinirt, auch ohne dass die Endung -*ig* angefügt wird: '*ne zue Droschke, anzwee Stiebeln, 'n extræt Seidel*; daneben *zuig, anzweeig, kaputtig* u. a. Ueber den Gebrauch von *hälfte* und *janz* s. S. 27 und 32.

Meinigte und *vorigte* (*foorchte*) sind Nebenformen von *meinige* und *vorige*.

Die Adjektiva neigen in der Steigerung zum Umlaut: *doll, döller, am döllsten*; *jlätter, räscher* u. a.; auch *der öberste*. *Nah, hoch* haben *nejer, höjer*.

Neben *meiner* und *deiner* kommt *meinen* und *deinen seiner* vor (s. S. X.). *Dieser* und *jener* werden nicht gebraucht, *welcher* nicht als Relativ; dafür sagt man nur *der*. Für *solch* steht *so'n*.

Zur Deklination.

Der *Genitiv* fehlt; er wird in der Regel durch *von* mit dem Accusativ ausgedrückt. *Dativ* und *Accusativ* werden nicht unterschieden. Der Dativ ist nur bei Fürwörtern erhalten (s. d.).

Der *Artikel* fehlt zuweilen nach Präpositionen: *uf Strasse, nach Schule, nach Kirche*.

Vater, Mutter und andere Verwandtschaftsnamen aufsteigender Linie werden wie Eigennamen behandelt und so deklinirt:

Nom.	Vater	Mutter
Gen.	Vatern sein (meinen Vater sein)	Muttern ihr (meine Mutter ihr)
Dat. Acc.	Vatern	Muttern.

Der *Pluralis* wird abweichend gebildet:

Auf *er*: *Dinger, Drecker, Klötzer, Rester, Steener, Stöcker, Viecher* u. a.

Auf *s*: *Bengels, Bummlers, Fräuleins, Jungs, Kerls, Kinderkens, Meechens, Onkels, Rackers* u. a.; *Froschens*.

Auf *n*: *Banken, Fenstern, Fingern, Messern, Stiebeln* u. a.

Mit Umlaut: *Aerme, Rähme*; ohne Umlaut: *Lause*.

Besonders abweichend sind *Morjende* und *Aester* (von *Aas*).

Die Neutra der *Adjektiva* haben -*et*, ausser *eens, meins* (s. S. VI); *für allet* heisst es *allens*.

Die *Adverbia* enden meist auf *e*: *dicke, feste, jerne, schöne, sachte* u. a., *ofte, ville*.

Die *Zahlwörter* bis *zwölwe* werden deklinirt, wenn sie nicht beim Hauptwort stehen. *Um fümwen* für *um fünf Uhr*; danach auch *um eenzen* für *um eens*. Das *persönliche Fürwort* wird so deklinirt:

Nom.	*ick*	*du*	*er, et* — *sie*
Dat. Acc.	*mir*	*dir*	*ihn, et* — *ihr* und *sie*
Gen.	fehlt.			

Icke steht als absolute Form für *ick* und kommt nur ohne Verb vor (wie moi), z. B. „Wer is denn da?" „Icke!", „Als wie icke?" d. h. „Meinst du mich?". — *due* in derselben Verwendung ist selten. — *ihm* kommt nur in einigen Redensarten vor: „Haut ihm!", „Hat ihm schon!" — Der Dativ der dritten Person des Pluralis heisst *sie*, z. B. „Haste se denn wat mitjebracht?"; zuweilen auch *ihr*, z. B. „Ick hab't ihr schon ofte jesagt, aber se hören nich". — *Sie* als Anrede hat im Dativ-Accusativ *Ihnen*: „'t haa'k Ihn' ja jleich jesagt!", „Ihn' meen'k ja janich!". Nach Präpositionen wird auch *Sie* gebraucht: „Ick bin mit Sie janich zufrieden".

Wer hat *wem* und im Genitiv *wems, wemst, wem sein, wems sein, wemsten sein*; als Antwort hört man *meinen sein* und *deinen sein*. „Wems Hut is'n det?" „Meinen seiner!".

Zur Conjugation.

Das *e* der ersten Person fällt oft ab: *ick seh, ick jeh, ick loof dir nich nach*; daher *ick haa, ick wer* für *ich habe, werde*. — Die Endungen *t, st* und *te* treten auch an *t, d* und *st* an: *du kost', er blut', er red't, er kost'; er blut'te, red'te, kost'te; jeblut', jered't, jekost'*.

Bei den starken Zeitwörtern findet man eine regelmässige Abwandlung des Präsens nicht mehr. Es heisst: *du esst, er esst, ess; du sehst, er seht, seh; du loofst, er 'loost, loof; du fässt, er fässt*; andererseits *ihr isst, ihr sieht*. Ueberhaupt neigt man dazu, die 2. Pers. Plur. der 3. Pers. Sing. des Hochdeutschen gleich zu bilden: *ihr fällt, fährt, jibt, nimmt* u. s. w.

Zu *jelten* findet sich *jolt*, z. B. nach der Wahl: „Vierzig Zettel jolten nich". — Für *jing* hört man auch *jung*.

Für *dürfen* steht meist *derfen*. Es kommen vor: *ich derf, dürf; du derfst, dürfst; er derf, dürf; wir derfen, darfen* u. s. w.; *derfte, jederft*. — Ueber *er brauch* s. S. XI.

Für *sein* im Infinitiv und Imperativ steht *sind*: „Lass det sind!", „Sind Se ruhig!". — Für *worden* wird auch *jeworden* gebraucht: „Jestern sind se jetraut jeworden". — Für *jehabt* kommt auch *jehatt* vor. Von *sich haben* in der Bedeutung *sich zieren* wird zuweilen *du habst dir, er habt sich* gebildet.

Zeitwörter, die sonst schwach flektiren, haben oft ein starkes Particip, nicht blos in scherzhafter Anwendung: *jebeten* von *beten, jehoften* (heften), *jemalen, jeworken, jeschonken, injeschonken, jeschumpfen, jespiesen, jewunken, überzogen* (überzeugen), *verjohren* (verjähren).

Syntaktisches.

Dass der *Genitiv* durch *von* mit dem Accusativ ersetzt wird, ist bemerkt. Zeitwörter, die im Hochdeutschen den Genitiv regieren, werden mit dem Accusativ oder mit Präpositionen verbunden, z B. „Er nimmt sich det Kind nich orntlich an", „Schäm' dir mit deine Faulheit!". Die meisten Verba dieser Art sind ausser Gebrauch; für „sich einer Sache erinnern" sagt man lieber „sich auf etwas besinnen"; für „bedürfen" lieber „nöthig haben" u. s. w.

Wenn eine Zahlenangabe als unbestimmt hingestellt werden soll, tritt ein zugehöriges Hauptwort vor die Zahl nnd lautet auf *er* aus, wenn es die Bedeutung der Mehrheit hat: *um Uhre zehne* d. i. „ungefähr um zehn Uhr", ebenso *Stücker sechse, Fusser dreie, Zoller achte, 'n Maler fuffzen, 'n Dahler viere, 'n Wochener sieben, vor'n Jahrener zehne*.

Conjunktive, wie *er rufe, habe gerufen, werde rufen* sind nicht mehr vorhanden.

Ein verschärfter *Imperativ* wird mit *dass* gebildet: *Dette jehst!* d. i. *Geh!*

Das *Futurum* hört man oft in lebhafter Erzählung an Stelle des *Imperfekts*: „Nu wer'k den Kerl nachloofen und weer'n eene runterhauen. Nu fängt er aber an zu schimpfen, sag ick dir u. s. w.".

Eine hervorzuhebende Verbalform steht auch im aussagenden Satze an der Spitze, mag sie zum Haupt- oder zum Nebensatze gehören; dies lässt sich oft nur durch Umschreibung mit dem Infinitiv und *thun* herstellen: „Jlooben duh' ick 't ihn nich, aber lüjen duht er doch ooch nich", „Jeben will er, det wir wat sollen". Zur stärkeren Wirkung wird auch das Verbum doppelt gesetzt: „Kriejen krigt er nischt".

Brauchen wird als Hülfszeitwort nicht mit *zu* verbunden: „Det brauch' ick nich duhn". Daher heisst die 3. Pers. Sing. *brauch* ohne *t*, nach Analogie von *soll*, *muss* u. s. w. „Darum brauch er donnich jleich schlagen!"; aber „Er *braucht* Jeld".

Wenn zu *anfangen* im Nebensatz ein Infinitiv tritt, so wird derselbe zwischen Präposition und Verbum gesetzt: „Sowie 't án zu drippeln fing".

Können steht oft für *dürfen*: „Kann ich mal rausjehn?".

Folgende *Präpositionen* treten für die hochdeutschen ein: *Vor* für *für*. — *In* und *uf* für *ein-* und *auf*. — *Von wegen* für *in Betreff*. — *Mang* für *unter* oder *zwischen*, z. B. „Da is ja Wasser mang!", „Steh donnich immer stille mang de Leute!", „Immer mang!". „Mang de Linden" ist gemacht und nicht der Volkssprache entnommen. — *Bei* für *zu* in Fällen wie „Ick jehe bei Schulzens"; doch wird *zu Hause* auch für *nach Hause* gebraucht. — *Statts* für *statt*: *statts icke* für *statt* meiner. — Für *ohne* hört man zuweilen *mit ohne*: „Der jeht ja mit ohne Federbusch!". — *Mit* findet sich in: „Ick bin *mit ihn* böse", für *ihm* und „Er hat sich *mit ihr* jetrennt" für *von ihr*.

Die *Negation* kann verdoppelt werden: „Er hat mir keene Zeit nich jelassen", „Hat keener keenen Schwamm nich?", „Nie nich!". Für *nich* steht *niche* absolut (vgl. *icke*): *Niche!* = „Lass das!". Für *Nein* steht *Nee*.

Von *Conjunktionen* ist zu merken: *Ehr* für *ehe*, *bevor*. — *Weil*, *derweile* (spr. *deea-*) für *während*. — *Derweile* (spr. *da-*) für *und doch*, *obschon*: „Der red't immer, derweile war er janich bei". — *Indem* neben *a*, z. B. „Ich warne hiermit Jedermann u. s. w., indem ich für nichts aufkomme". — *Wie* für *als* und *sowie* für *sobald als*. Bei der Vergleichung braucht man *so wie* für *wie*, hinter dem Comparativ *wie* oder *als wie*.

Für *ob du* und *wenn du* hört man *obste*, *wennste*: „Obste nich mitkommst?" (vgl. „Kommste nich mit?").

Man fragt nicht *Wie?*, sondern *Wat?* — *Wo* vertritt *was* in der Redensart „Das Beste, wo man hat" und in „Ach wo!", „I wo!", „Wo wer'k'n so dumm sind!". — Für *wieso* sagt man *woso*, für *warum worum*. — *Wenn ehr* für *wann* in direkter Frage, *wenn eh'r det* in indirekter.

Man sagt wohl *her* und *hin*, aber nur '*ruf* für *hinauf* und *herauf*, ebenso '*rin*, '*rüber*; '*run* neben '*runner*, '*runter*. — *Da* wird in Verbindung mit *an*, *in*, *uf* u. s. w. *dran*, *drin*, *druf*; wenn *da* betont werden soll, sagt man *dadrin*, *dadruf*, ebenso auch *dadabei*, *dadamit*. Auch hinter *wo* steht *dran*, *drin*, *druf*. *Da* und *wo* können von den zugehörigen Adverbien und Präpositionen getrennt werden: „Wo kommst du'n her?", „Wo wa'n det drin?", „Wo is'n det vor jut?", „Da meent er mir mit!", „Da konnt ick nich vor!", „Da ligt mir janicht dran!". — Für *anderswo* sagt man *wo anders*. — Für *hier!*, *dort!* heisst es *hier so!*, *da so!*.

Für *vielleicht* heisst es *am Ende*. — *nu* für *nun*. — *ebend* für *eben*. — *selber*, niemals *selbst*. — *man* = *nur* ist unbetont; betont heisst es *blos* und noch stärker *man blos*.

Natürlich steht im Nebensatze, während es zu dem folgenden Hauptsatze gehört: „Wenn er natürlich so dumm ist, muss er rinfallen".

A.

Aalfanz (auch Alfanz), alberner Mensch. Aalfanzig. Aalfanzereien.

Aas, Schimpfwort; auch bewundernder Ausdruck für einen Schlaukopf. Plural: Aester. — Aasbande. Aaskerl. Aasknochen. Aaskrete. Aasstücke. Aastele. Aas uf de Jeije (Baßjeije). Aas vor'n Jroschen! 'n Aas uf de (kleenen) Kattoffeln. — Aasig. Red. „Aas, du hast mir nie jeliebt! (und immerwährend hast du mir jekratzt"). — „Keen Aas rührt sich!" sagt z. B. Jemand, der in einem Kreise gefragt hat, ob ihm nicht Einer fünf Thaler leihen könne; worauf Alles schweigt.

Aasen, mit etwas, verschwenden. Red. „Aase doch nich so mit's Jänseschmalz!"

Abäschern, sich, sich abarbeiten. Ebenso Abbachern, sich.

Abblitzen, abgewiesen werden.

Abend. Uf'n Abend, Abends.

Aber. Red. „Det hat Allens sein Aber" d. i. es ist nicht so einfach.

Aberscht, aber. „Aberscht nann!" (Ausdruck der Erwartung).

Abeztern, sich, sich abmühen.

Abfahren, mit Jemand, ihn heftig anfahren; auch hinauswerfen.

Abfallen. 1) wie abblitzen. Meist: abfallen lassen. 2) Sich wegen Müdigkeit oder dergl. von der Gemeinsamkeit trennen.

Abhauen, abschreiben; Schulausdruck.

Abitur, Abiturium, Abiturientenexamen.

Abjachern, abjachtern, abjächern, abjächtern, sich, jagen, laufen.

Abjang! Geh weg! Schulausdruck. „Abjang! is Mehl mang!"

Abjebrannt, ohne Geld.

Abjebrüht, gefühllos gegen Tadel oder Schande.

Abjehn, los gehen, sich ablösen.

Abjejangen werden, von der Schule entfernt werden.

Abjekatert, abgekartet.

Abjeklappert, abgespielt (vom Clavier).

Abjemacht — Seefe! (Seefe für Sela).

Abjetakelt, alt, häßlich geworden.

Abjewöhnen, zum. 1) Ausdruck des Abscheus; z. B. „Der Kerl is zum Abjewöhnen!" 2) zur Entschuldigung beim Trinken u. s. w.; z. B. „Na noch eenen (Schnaps) — zum Abjewöhnen!"

Abklappern, absuchen.

Abklauen, abschreiben.

Abknabbern, abnagen, von Knochen. 'n Jänsejerippe abknabbern.

Abknapsen, unrechtmäßig abziehen (von einer ausbedungenen Summe u. s. w.)

Abknipsen, scharf abschneiden.

Abknöppen, abnehmen.

Abknutschen, stürmisch küssen, liebkosen.

Abkommen. „Ick kann nich abkommen" d. i. ich kann mich nicht frei machen. „Der kann abkommen" d. i. er ist überflüssig, er kann sterben.

Abkriejen, einen Theil bekommen; z. B. „Karl war unjezogen, der kriegt nisch ab". Oft bei drohendem Regen: „Wir wer'n wol noch wat abkriejen".

Abladen, hergeben, vom Gelde.

Ablassen, im Preise heruntergehen.

Ablejer. Red. „Da möcht' ick 'n kleenen Ablejer von haben!" (ironisch z. B. von einer Weinnase.) Ablejer auch für Sprößling, Kind.

Abloofen, sich de Beene (de Hacken), sich müde laufen.

Ablutschen, absaugen.

Abluxen, durch Betrug abnehmen.

Abmachen, absitzen (von einer Gefängnißstrafe).

Abmarachen, sich, sich placken.

Abmucken, schelten.

Abmurksen, ermorden, tödten.

Ab notam nehmen, sich etwas, sich merken. „Det wer' ick mir ab notam nehmen!"

Abnehmen. Sich abnehmen lassen, sich photographiren lassen.

Abnibbeln, sterben.

Abphotojraphiren. Sich abphotojraphiren lassen.

Abplastern, abblättern, von Kalk, Lack u. ä.

Abrabazzen, sich, mühsam arbeiten.

Abrackern, sich, sich abarbeiten.

Abreißen. Red. „Det reißt aber ooch janich ab" d. i. es hört nicht auf.

Abrubbeln, abreiben.

Abschieben, abgehen. „Kannst abschieben!" d. i. mach' daß du fortkommst.

Abschrammen, wegfliegen (besonders von Maikäfern); bildlich: plötzlich abgehen, fliehen, sterben.

Abschrapen, abschaben.

Abschulen (schielen), absehen; Schulausdruck. Ebenso

Abschustern.

Abschwimmen, fortgehen. Ebenso Absocken.

Abspülwasser, schlechter Kaffee.

Abstinken lassen, derber für abfallen lassen.

Abstippen (einen Teller), den Rest der Sauce mit einem Stück Brot auftunken.

Abstoßen. Red. „Soviel wer' ick wol noch abstoßen können" d. i. übrig haben.

Abstrapziren, sich, sich abmühen.

Abwarten. Red. „Erst abw rten — un denn Thee trinken."

Abwaschen. Red. „Det is Een Abwaschen" d. i. Ein Abmachen. „Da wäscht dir keen Rejen ab" (da hilft dir Alles nicht).

Abzoppen, abziehen.

Accise. Red. „Det jeht wie in 'ne Accise" (bei starkem Verkehr in der Wohnung, wenn es fortwährend klingelt).

Achsel. Etwas uf de leichte Achsel nehmen, d. i. es leicht nehmen.

Achte. 'ne nasse Achte, Figur der 8, die man mit dem Wasser beim Sprengen beschreibt.

Achtjroschenstück. Red. „Ick bitte Sie um dausend Achtjroschenstücke" d. i. „Nehmen Sie doch Vernunft an!"

Adchee, Adieu. „Adchee Sie!" (besonders beim Spiel, wenn man sieht, daß der Andere verlieren muß.) Auch wenn etwas fällt, sagt man: Adchee! — „Adchee Speck!" (wenn einem etwas entgeht).

Adleer (Adler). S. Plinken. In Bezug auf die Endung s. Kellneer).

Adrett (adroit), sauber.

Aelte. Nach de Aelte, nach dem Alter.

Aeppelfrau, Obstfrau. Red. „Det is hier nich wie bei de Aeppelfrau!" d. i. kein Aussuchen.

Aeppelkähne, große Schuhe.

Aermel. Eenen uf'n Aermel

inladen, d. i. im letzten Augenblick.

Aermste. Red. Det kann der ärmste Mensch essen" (z. B. Austern).

Aescherei, Haft. S. Abäschern.

Affe, Rausch. Sich 'n Affen koofen, sich betrinken. Red. (Ausdruck höchster Verwunderung) „Ick denke, der Aff+ laust mir!" Auch: „Ick denke, mir soll der Affe frisiren!" — „Er hat seinen Affen Zucker jejeben" d. i. er hat heute seinen guten Tag. — „Denn müßte ja mein Herz 'n Affe sind" (scil. wenn ich so dumm wäre). — 'n lackirter Affe d. i. ein Geck. — „Da fällt 'n Affe aus't Nest" (wenn etwas mit großem Geräusch fällt). — „Det 's jrade, als ob der Affe in' Porzellanladen kuckt!" (wenn Jemand seine Nase in etwas steckt, wovon er nichts versteht).

Affen, gucken. „Wat hasten zu affen?" — „Bah, wat afften?"

Affendarjus, Referendar.

Affenjacke, kurze Jacke. Vergl. Baubaujacke.

Affenkasten. Red. „Rin in' Affenkasten!" Auch für Omnibus.

Affenschande, Schande, Schmach.

Affig, albern.

Ahnung. Red. „Hast wol Ahnung?" d. i. wie kannst du das denken! „Keene Ahnnng!" d. i. kein Gedanke. „Nich de blasse Ahnnng!"

All, schon. All lange.

All. In aller Nacht, in tiefer Nacht.

Alle werden, zu Ende gehen; z. B. „Der Oel is alle." „Nu is Allens alle." „Davon wirste doch nich alle" d. i. das schadet dir nicht.

Alleene, allein, selber „Det weeß ick alleene nich". Janz von alleene, d. i. von selber. In Retourkutschen: „Schafskopp!" — „Bist alleene eener!" Red. „Der looft alleene" (bei einem schlechten Witz).

„Allemal derjenije, welcher!" (aus Angelis „Fest der Handwerker").

Allens, Alles. „Allens, wat so'n bisken wat is (vorstellt)" d. i. die bessere Gesellschaft. — „Allens, wat Beene hatte, war draußen."

Allerhand Achtung! (Ausdruck der Anerkennung.)

Allermeist, vollständig. Allermeist jenug.

Allons! Vorwärts, marsch!

Alsche. Meine Alsche (Olsche) für Alte (Mutter, Meisterin).

Alt. Etwas vor alt kaufen.

Alter Mann (mit junge Mädchen), Kuhkäse.

Algen, greifen. Einem in de Oogen algen, ins Jesichte rumalgen.

Ampeln (auch jampeln), begierig sein.

An dem. Red. „Es is nich an dem" d. i. es verhält sich nicht so.

An Ende, vielleicht; z. B. „Er is doch nich an Ende krank?"

An muthen sein, zumuthen. Red. „Es is keen Narr, wer mir 'ne Sache an muthen is — et is 'n Narr, wer't duht".

An sich haben, die Eigenschaft (Gewohnheit) haben. „Det hat der Franzose so an sich". „Det hat er so an sich!" war auch ein Couplet-Refrain in der Posse „Gebrüder Bock" von L'Arronge.

Anblasen. 1) anfahren, zur Rede stellen: 2) „Wie anjeblasen", sagt man, wenn Jemand plötzlich krank wird.

Anbringen. „Er hat Allens anjebracht" d. i. ausgegeben.

Ander. Red. „'n ander Mal, wenn't wieder so kommt".

1*

Andrechseln. Jemandem z. B. eine Weiße andrechseln, d. i. beim Spiel gewinnen, so daß der Eine die Weiße bezahlen muß.

Andrehn. 1) Eenen eene andrehn (scil. Ohrfeige). 2) wie Andrechseln.

Andudeln, sich eenen, sich betrinken. „Er hat sich ellig eenen anjedudelt."

Anektote, Anekdote.

Anfangen. Händel suchen. „Der fängt immer mit mir an!" — „Mit mir fangste nich an!" — „Fang' doch mal an, wenn de Keile haben willst!" — Sich anfangen, vom Namen. „Ick fange mir mit'n B an."

Anfangsbuchstaben. Red. „Ick will keenen scharf ansehn, aber mit 'n ersten Anfangsbuchstaben heeßt er" — (z. B. Puhlmann.)

Angeln, sich Einen, ihn fassen, vornehmen.

Angströhre, Hut (Cylinder).

Anhacken, festsitzen.

Anhören. „Ick wer mir det mal mit anhören." „Ick bin blos neujierig, wie lange er sich det mit anhören wird."

Anhauchen, hart anfahren.

Animus, Ahnung; z. B. „Ick hatte jleich den richtijen Animus."

Anjeben, anstellen, machen; besonders Unsinn anjeben u. ä.

Anjeheitert, angetrunken.

Anjehn, anfangen; z. B. „Wenn eh'r jeht'n de Schule wieder an?" „Det Stück is (auch hat) schon anjejangen." — „Et jeht an" d. i. so ziemlich. „Is et kalt?" — „Et jeht an!"

Anjekloppt, es hat, für: es hat geklopft.

Anjeländert kommen, gemächlich ankommen.

Anjeprescht, gelaufen. „Er kommt anjeprescht."

Anjerissen, angetrunken. Ebenso Anjeroocht und Anjesäuselt.

Anjewackelt, er kommt (langsam gegangen).

Anjlupen, starr ansehen; auch anjlupschen.

Ankeilen, auffordern.

Anknippern, anbinden.

Ankriejen, wie ankeilen.

Anlachen. „Der hat mir anjelacht!" Schulausdruck, zur Entschuldigung. „Herr Doctor, der lacht mir immer an!"

Anlappen, schelten, anfahren.

Anleihe, von hinten über die Glatze gekämmte Haare.

Anloofen lassen, wie abfallen lassen.

Anklacksen, oberflächlich befestigen, z. B. Stuck an einer Maner.

Anno Eens, als de Elbe brannte. Red. (eigentlich der Anfang einer komischen Geschichte — „un de Bauern se mit Stroh löschten u. s. w.")

Anno Tobak, vor langer Zeit.

Anpassen, von einer Ohrfeige. „Ick habe ihn eene anjepaßt — aber die saß!"

Anpetzen, anzeigen. Schulausdruck.

Anpumpen, Geld von Jemand leihen.

Anpurren, aushorchen wollen.

Anpusten, wie anhauchen.

Anquazeln, anreden.

Anranzen, wie anlappen.

Anreißer, zudringlicher Kleiderhändler am Mühlendamm.

Anrempeln, im Begegnen stoßen.

Anroochen. „Er roocht sich an" d. i. er entwickelt sich gut.

Ansagen, anzeigen; Schulausdruck (wie petzen). Auch „det sag' ick!" „det wird jesagt! S. Eust.

Anschleejsch (anschlägisch), schlau. Red. „Der hat 'n anschleejschen Kopp — wenn er de Treppe runter-fällt."

Anschmieren, Jemandem durch Zureden und Anpreisen etwas Schlechtes aufdrängen. — Sich anschmieren, sich aufdrängen.

Anschnarchen, hart anfahren. Ebenso

Anschnauzen.

Anschneiden. Einem de Wurscht anschneiden, d. i. ihn etwas büßen lassen.

Anschwulen (auch anschulen), scheel ansehen.

Ansehn. Red. „Ansehn — aber jonich anfassen!"

Ansprechen, anbetteln.

Anstechen. S. Stechen.

Anstreichen, Jemand etwas, büßen lassen.

Antalpschen, betasten.

Antippen, mit dem Finger berühren.

Anton. Red. „Anton, steck 'n Dejen in!" (zur Beruhigung). — „Anton mit de Baubaujacke!" — „Anton, mach'n keim warm!" — „Anton mit de Tepperschürze." — Jrüner Anton, Gefängniß, früher in der Anton-, jetzt in der Perleberger Straße.

Antreiben (den Hut), Unsitte des Pöbels, früher besonders in der Neujahrsnacht.

Anulken, verhöhnen, beleidigen.

Anvettermicheln (auch inv.) sich, sich einschmeicheln.

Anzwei (enzwee, inzwee), entzwei. Anzweirig. Auch Anzwei als Adjectiv.

Apart, ausgesucht. „Det is janz wat Apartes (Apartijet)".

Apfrikose, Aprikose.

Appelkuchen! Negation. Vgl. Scheibe.

Appelmuß. Red. „Er is jerührt wie Appelmuß".

Arbeeten. Red. „Arbeeten woll'n se alle, aber nich essen!"

Arbeit. Uf Arbeit jehn.

Arg (sprich arch), begierig; z. B. „Nach Jänsebraten is er janz arg".

Arm. Red. „Der kann ooch 'ne Familie arm fressen".

Armenkasse. Red. „Et jibt eklig wat aus de Armenkasse" (Prügel).

Art. „Ach uf die Art?" d. i. ach so meinen Sie?

Artollerie, auch Artullerie; Artillerie.

Asche. 1) Geld. 2.) Red. „Jetzt is't Asche!" d. i. jetzt ist es aus.

Asmusfere, Athmosphäre.

Ast. 1) Red. „Det wa'n Ast!" (wenn Jemand beim Schnarchen (Sägen) plötzlich abbricht. — 2) Buckel. Red. „Ick lach' mir 'n Ast!" — „Der darf nich in' Thierjarten." — „Warum'n nich?" — „Er hat 'n Ast jestohlen!" (d. i. er ist bucklig.)

Aßmann. Red. „Nu is't aus mit Aßmann!"

Utoffel, Urtoffel, Ertoffel, Kartoffel.

Atzen, Stück; z. B. ein Atzen Brot.

Au! Ruf, wenn ein schlechter Kalauer gefallen ist.

Au Backel Ausruf der Freude.

Au controleur für au contraire.

Aua! Interjection des Schmerzes, besonders bei Kindern.

Auf. Die damit zusammengesetzten Wörter s. u. U f.

Aujust (auch Schimpfwort), durch einen Clown im Circus Renz, der die Rolle eines dummen Tölpels spielte, sehr populär geworden. Zahlreiche Redensarten: „Aujust, sollst mal runter kommen! (Sollst mal bei Aujusten kommen!)" — Aujust, laß 'n Affen los!" — „Aujust, stoß de Vögel an!" (auf dem Weihnachtsmarkt fordert ein Verkäufer von Spaßvögeln (vorne nickt er, hinten pickt er) seinen Gehülfen auf, die Vögel in Bewegung zu setzen, um die Leute anzulocken.) Auch mit dem Zusatz: „et kommt 'n Portugiese!" — „Aujust, um die paa flaumen weenste?" — „Aujust mit de kalte la main!" — „Aber jlücklich, Aujust, macht es nich!" — „Aujust, sprach sie, haste Jrund? Scheibe, sagt' er, un verschwund". — „Wat sagste, Aujust?" — „Aujust an's Trapez!" — „Aujust mit de Kluckerpulle!" — „Aujust (oder Blasius) mit de Jewitterbacken" (von einem aufgeblasenen Menschen). — „Aujust mit de Klamottenbeene!"

Aus dient dazu, in der Zusammensetzung mit Reflexiven die Sättigung auszudrücken: Sich ausdanzen, ausdollen, ausloofen u. s. w. — So auch

Ausboddern (auch ausbuttern), reinigen (ein Faß). Sich ausboddern, sich vollständig aussprechen.

Ausenanderpolken (= setzen).

Ausfressen, etwas Strafbares begehen.

Ausführen, stehlen.

Ausfunzeln lassen, auslaufen lassen, z. B. von Murmeln, Würfeln.

Aushauen. „Et haut jrade aus" d. i. es reicht gerade.

Ausholen. Bekannte renommistische Erzählung von einer Prügelei: „Un so wie der Kerl det sagt, da hol' ick aus — und da haut er mir eene — Ick nich faul — haut er mir wieder eene!" (Verschiedene Fortsetzungen, z. B. „Er reißt aus — ick immer voruf" oder: „Bald lag er oben, bald lag ick unten". Schluß: „Aber den hab' ick jemacht!")

Ausjefallen, nicht mehr gangbar.

Ausjehe — in vielen Verbindungen; z. B. „Er hat heute seinen Ausjehetag"; „det is mein Sonntagsnachmittagsausjehetod".

Ausjeleiert, ausgedreht (von einem Gewinde).

Ausjelutscht, ausgemergelt. „Er sieht aus wie ausjelutscht."

Ausjerechent, gerade (just); z. B. „Muß der ooch ausjerechent uf seinen Jeburtsdag sterben!"

Ausjlitschen, ausgleiten.

Auskleiden, sich, sich verkleiden.

Auskneifen, entfliehen.

Ausknobeln (stud.), auswürfeln.

Ausloddern, sich, wie sich ausboddern.

Auskratzen, entfliehen.

Auslejen, in die Breite wachsen.

Ausnutschen, aussaugen.

Auspusten, ausblasen.

Ausquetschen, sich, sich ausdrücken.

Ausräuchern, wie rausraulen. S. d.

Ausrathen, ein Glas Bier, eine Droschke 2c., durch die Jahreszahl eines Geldstücks (Paar oder unpaar) u. ä.

Ausreden. Red. „Det laß dir man ausreden!" d. i. das gieb nur auf.

Ausreißen. Red. „Reißen Se sich kein Bein aus!" d. i. machen Sie nicht soviel Umstände. S. auch Schafleder.

Ausrücken, entfliehen.

Ausrunzeln lassen, wie ausfunzeln lassen.

Ausrutschen. Drohung: „Det mir nich de Hand ausrutscht!"

Ausschimpfen. 1) schelten. 2) mit Schimpfwörtern belegen. Part. ausjeschumpfen.

Ausschmieren. Wenn Einer im Spiel gewonnen hat, sagt er: „Den hab' ick orntlich ausjeschmiert!"

Ausspannen. 1) stehlen. 2) bei einer gemeinsamen Arbeit aufhören.

Ausspucken, speien.

Ausstehn. 1) „Ick kann'n nich ausstehn" d. i. nicht leiden. 2) „Ick habe ville mit'n auszustehn" d. i. auszuhalten. Red. „Wat steht man vor'n Verjnüjen aus!" 3) „Ick habe ville auszustehn" d. i. viel Geld verliehen.

Auster, wie Qualster. S. d.

Austrudeln, auswürfeln.

Ausverschämt, unverschämt.

Auswachsen. „Det is ja zum Auswachsen!" d. i. langweilig.

Auswendig. Red. „Det schad't nischt, det is auswendig!"

Auswischen. 1) Eenen cens auswischen, d. i. einen Schlag versetzen. 2) Einem die Augen auswischen, bestehlen; z. B. „Den haben se jut de Oogen ausjewischt".

Auswringen, ausringen (z. B. nasse Wäsche).

Auszehrung, Abzehrung, Schwindsucht.

Aute. August.

Autsch! Ausruf des Schmerzes. „Autsch mein Bein!" — Auch wenn

Jemand einen unanständigen Ausdruck gebraucht.

Aweck (avec). Red. „Mit'n jewissen Aweck" d. i. mit einem Pfiff, mit Leichtigkeit, mit Eleganz. (Ziejarros) mit avec die fö (du fen)! Bis zum Ende der dreißiger Jahre fand man an einzelnen Thoren fliegende Cigarrenhändler, die mit diesem Ruf die Käufer lockten. An der Seite ihres Kastens hing eine brennende Lunte. — Der Ruf hat sich als Redensart erhalten.

Axe, Axt.

Azesser, auch Akzesser, Assessor.

B.

Baa. „Alter Baa-affe!" (zu einem neugierig zusehenden Kinde.)

Baar. Red. „Baar Jeld lacht."

Bába, Kinderwort für Bett. Babá für Schmutz. „Fui Babá!"

Bachulke (poln.), ungeschlachter Mensch.

Bachuner, ungarisches Schwein; dicker Mensch.

Backebeeren. 1) Backbirnen. 2) Sachen, Möbel u. ä. „Er is ausjezogen mit de janze Backebeeren". 3) Backebeere für alte Jungfer.

Backen. „Der Schnee backt" d. i. er läßt sich ballen.

Backenkotteletten, auch Bartkotteletten, Backenbart.

Backfeife, Ohrfeige.

Backfeifenjesichte, ein Gesicht, dem man beim ersten Anblick eine Ohrfeige geben möchte.

Backzähne. Red. „Sie haben wol lange keene Backzähne jespuckt?"

Badeengel, kleine Porzellanpuppe.

Baden, waten. Durchbaden. Rinbaden.

Bäcker. Red. „Da hat der Bäcker seine Frau durchjejagt" von Weißbrot mit großen Höhlungen.

Bäckerbeene, krumme Beine (X-Beine).

Bärenführer, Fremdenführer.

Bärme, Hefe. Red. „Wat nachkommt, is Bärme" d. i. der Rest taugt nichts mehr.

Baff. S. Paff.

Baffze, unwissender Schwätzer. Kunstbaffze.

Baiser, Gebäck mit Schlagsahne (franz. meringue).

Balangse (balance), Gleichgewicht.

Balbier, Barbier. Balbieren.

Balg, Kind. Plural: Bäljer.

Ballerjandroppen, Baldriantropfen.

Ballern, stoßen, werfen.

Balletöse, Ballet-Tänzerin. Ebenso Confectionöse, Frisöse (nicht französ.)

Ballon, Kopf, nur in der Wendung: Einem eins an'n Ballon jeben.

Bammel, Furcht.

Bammelage, was herabhängt, z. B. Berloques an der Uhrkette.

Bammelig, liederlich, besonders von Kleidern. S. Pumpelig.

Bammeln, baumeln. „Wat drum un dran bammelt." — Mit de Beene bammeln.

Bange haben, Furcht haben. „Hab man keene Bange!" „Bange machen jilt nich!"

Banke, Bank. Plur. oft Banken statt Bänke. Durch de Bank, alle miteinander.

Bankrott (auch pankrott), auch für matt, müde. „Man wird janz bankrott dabei."

Barbierflüjel, Guitarre.

Barbiertolle, aufwärts gebürstetes Haar.

Barft, (auch barftig); mit barfte Beene, mit bloßen Beinen.

Barfüßig für unbelegt, von der Stulle.

Barmen, jammern und bitten. „Er barmte so."

Barnim, der, Gefängniß in der Barnimstraße.

Baron, baronisiren, stellungslos, = sein.

Bau. Der janze Bau, d. i. die ganze Gesellschaft. (Aus Angelis Fest der Handwerker.)

Banbanjacke, kurze Jacke. „Anton mit de Banbanjacke!"

Bauersche ('ne), Bauerfrau. Ebenso 'ne Höfersche.

Beboomfiedeln, überlegen; z. B. „Wir woll'n uns det heute Abend beboomfiedeln."

Beboomölen. Red. „Beboomölen Se sich man nich!" d. i. Seien Sie nicht so ängstlich.

Bedeckt. Red. „(Bitte) bleiben Se bedeckt!" (wird gebraucht, um den Dank eines Andern abzulehnen).

Bedeftend, bedeutend.

Bedibbert (jüd.), eingeschüchtert.

Bedrippt, kleinlaut.

Beduselt, betrunken.

Beëbeet, faul (euphemistisch). Red. „Beëbeen Se sich man nich" d. i. zieren Sie sich nicht.

Been, Bein. Verjnüjte Beene, Podagra. — Sich de Beene in Leib stehn. — De Beene in de Hand (unter de Aerme) nehmen (un uf de Ellbogen loofen). — „Er hat viel Jeld ant Been jebunden", d. i. eingebüßt. — Red. „Dir wer 'k Beene machen!" — „Det hat noch lange Beene!" d. i. das ist noch lange hin. — „Wie jeht's?" — „Immer uf zwee Beene!" — „Ick krieje jleich kalte Beene!" (wenn man beim Kartenspiel gewonnen hat). — „Er hat de Beene zu weit durchjestochen!" d. i. er hat zu kurze Hosen an. — „'n ander Mal treten Se sich uf Ihre eijnen Beene!" — „Die Beene kenn' ick doch!" (Posse?) — Seine Beine bezeichnet der Berliner oft nach einer früheren Firma als „Jebrüder Beeneke (n);" z. B. „Meine Jebrüder Beeneke sind kaput." — S. auch Aus-reißen, Kopp, Knoten, Vertreten.

Beenbruch. Red. „Det is ja noch lange keen Beenbruch!" d. i. nicht schlimm.

Beefstück, Böffstick u. a. für Beefsteak.

Beereblang, Beerejriß nennen die Hökerinnen gewisse Birnenarten (beurré blanc, gris). — „Madamken! Scheene Beere blang!"

Beern! rufen fahrende Obsthändler die Birnen aus.

Beeschaf, Kinderwort für Schaf. 'n kleines Beeschaf, von einem dummen Menschen. „'n lieben Jott sein Beeschaf."

Befinden. Red. „Danke, er befindet sich!" (scil. gut.)

Befizelt, leicht angetrunken.

Befriedericht, befriedigt.

Befummeln, zu Stande bringen.

Behaupten. Red. „Kann ick von mir nich behaupten!"

Behebbelig, beweglich.

Behende. 1) klein und schwächlich. 2) geschickt. „'n behender Junge."

Beibleiben, fortfahren. „Bleib' man so bei!"

Beibringen, lehren. „Den wer' ick's beibringen!" (drohend.)

Beilage. S. Kasse.

Bein. Red. „Kein Bein!" d. i. durchaus nicht. „Kein Bein zur Erde!" d. i. auf keinen Fall.

Beistehen. Red. „Jott steh' mir bei!" (wird gebraucht, wenn Jemand eine Dummheit gesagt hat.)

Beißerchen, Zähne (Kinderwort).

Beiweje. „Er is nich beiweje" d. i. nicht recht gesund.

Bejießen. „Ick jehe meine Olle bejießen" d. i. die Blumen auf ihrem Grabe.

Bejossen, kleinlaut (stärker als bedrippt).

Bejraben. Red. „Laß dir bejraben!" (Kritik einer schlechten Leistung.)

Bejrapschen, betasten, anfassen.

Bekehrt. Red. „Er wußte nich, wie er bekehrt war" (vor Staunen).

Bekennt für bekannt. „'n Bekennter von mir."

Beleckern, sich, sich beschmutzen, besonders von der Wäsche beim Essen.

Bekniffen, befangen, beschämt.

Bekobern, sich, sich erholen.

Bekoofen, sich, sich etwas „anschmieren" lassen.

Belemmern, sich. Red. (euphemistisch) „Belemmer' dir man nich!" Belemmert, schwach, werthlos.

Bellejangplatz, Belle-Alliance-Platz.

Bellmann. S. Otto.

Bemeineidijen, beschwören. „Det kann ick bemeineidijen."

Bemogeln, betrügen.

Bemuttern, unnützer Weise bevormunden.

Benehmen. „Wenn man sich's recht benimmt —" d. i. sich's recht überlegt.

Benehmijung, Benehmen. „Det is ja jakeene Benehmijung!"

Berappen, bezahlen. Berappijung.

Berechnen. „Der hat's berechent!" d. i. er kennt alle Schliche.

Beribbeln (auch berebbeln), wie berappen.

Berlin. Red. „Wat kost' Berlin?" (So fragt man zum Scherz, wenn man plötzlich eine größere Geldsumme in die Hände bekommen hat).

Berühmt. „Det is nich berühmt" d. i. nichts Besonderes.

Besabbern, sich, sich mit Speichel naß machen.

Besalzen, Jemand etwas, eintränken.

Bescheid stoßen, zurechtweisen.

Beschickert (jüd.), betrunken.

Beschmuddeln, beschmutzen.

Beschnuppern, beriechen.

Beschummeln, betrügen. Ebenso Beschuppen und Beschupsen.

Bese (böse) für sehr, tüchtig. „Au du, Der kann't besel" z. B. Skat spielen.

Besehn, bekommen. „Er hat Keile besehn." „Du wirst deinen Schaden schon besehn." — Auch für ausstehen: „Ick kann den Kerl nich besehn." — „Ick kann't nich mehr besehn" d. i. meine Augen sind zu schwach, oder es ist zu dunkel.

Besen, Dienstmädchen.

Besinge, Heidelbeeren. Besingssuppe.

Besorjen, wie besalzen.

Besser für mehr: „Da müssen Se hier besser runter jehn." „Besser links!"

Beste. Red. „Du bist der Beste — wenn de Andern nich zu Hause sind."

Bestrampelt, verrückt. „Bist wol bestrampelt?"

Bestreiten. Red. „Ick bestreite Alles un erwarte den Jejenbeweis!" (Aus der Posse: Abtheilung 5, Zimmer No. 7 von Salingré.)

Betalpschen, betasten.

Bethlehem. Nach Bethlehem jehn, schlafen gehen.

Betimpeln, betrügen.

Bezehmen (bezähmen). „Wollen wir uns nich noch 'ne Weiße bezehmen?"

Bibber, Gelée.

Bibbern, zittern.

Bibi, auch Bibax, Herrenhut.

Biejeln, trinken, zechen (bügeln, picheln).

Biele, Kind. „Ei die kleine Biele!" „'ne nette Biele!" (ironisch von einem gemeinen Menschen.) Im Nordwesten sagt man auch Beile.

Bielefeld. Red. „Bielefeld bezahlt Allens!" (älter als die Posse: „Die Reise durch Berlin in 80 Stunden".)

Biene. „'n Köppken wie 'ne Biene" d. i. ein dicker Kopf. (Zusatz: 'n Nesken wie 'ne feuertiene.)

Bierjeld, Trinkgeld.

Bierneejen (Neigen) werden gesammelt und zum Kupferscheuern verkauft, auch getrunken.

Biest (Bestie), Schimpfwort.

Bilder. Red. „Kinder wie de Bilder!" S. auch Weg.

Bildermuseum, Gemäldegalerie; auch die Säulenhalle vor dem alten Museum.

Billjett, Billet; Plur. Billjetter.

Bimbam. „Heiliger Bimbam!"

Bimmel, Glocke. Bimmeln, klingeln. Bimmelei.

Bimse (auch Bimße), Prügel.

Binde. Red. Eenen hinter de

Binde jießen, besonders vom Schnaps. Eenen bei de Binde kriejen, d. i. ihn vorn fassen, bei der Kehle. S. Kanthaken und Schlaffittchen.

Bisken, bischen. 'n bisken fehre. — „Bringen Se noch 'n bisken Bier — aber 'n bisken ville!"

Bitten. Red. „Nu bitt' ick eenen Menschen!" — (Ausdruck der Verwunderung).

Bitter. Red. „Det is bitter." — „Det is ooch nich bitter!" (d. i. nicht übel).

Blaak. 1) Ruß. Blaaken. „Die Lampe blaakt." Blaakig. 2) Unsinn; z. B. „Rede doch nich so'n Blaak."

Blamiren, sich. Part. häufig blamoren. Blamage.

Blase. Die janze Blase, die ganze Gesellschaft.

Blasen. Red. „Blaf mir 'n Stoob weg!" ironische Kritik, aus dem Sinne eines Hochmüthigen.

Blasenjummi, wie Knalljummi. S. d.

Blasius. S. Aujust.

Blatt. Vom Blade singen. — Red. „Det steht wieder uf'n janz andert Blatt!" d. i. das ist etwas Anderes.

Blau. 1) betrunken. 2) Red. „Na so blau!" d. i. so dumm (werde ich sein)! 3) Blauer Montag; auch blos „Ick habe heute meinen Blauen" (Blau machen). 4) Red. „Der redt (lügt) det Blaue von' Himmel runter." 5) Eenen blauen Dunst vormachen, d. i. ihn beschwindeln. 6) 'n Blauer, Schutzmann. 7) Blaue Droschke, Wagen der neuen Charité zur Beförderung Irrsinniger.

Blauen, bläuen, von der Wäsche.

Blauköppe, frische Leberwurst.

Blech, Unsinn. Blech reden.

Blechen, bezahlen.

Blechpuster, Trompeter. Blechmusike.

Blechschrippe. Die auf dem Blech gebackene Schrippe (S. d.) gilt für etwas feiner als die gewöhnliche.

Blei, der. 1) Bleistift. 2) die Bleihe (Fisch).

Bleiben. Red. „Der is jut, der kann so bleiben". Bleiben lassen, unterlassen. „Laß mal det bleiben!"

Bleistift, das. (Vgl. der Blei); scherzhaft für Beispiel in den Red. „Man hat Exempel von Bleistiften." Mit 'n juten Bleistift voranjehn.

Blödsinn, concret, für Unsinn. Blödsinn anjeben.

Blödsinnig, sehr. Blödsinnig theuer.

Blonde. Eine kühle Blonde, d. i. ein Glas Weißbier.

Blubberkopp, ein Mensch, der viel und aufgeregt spricht.

Blubbern, unarticulirt sprechen; eig. von dem Geräusch aufsteigender Wasserblasen.

Blücher. Red. „Er jeht druf wie Blücher." Dem Standbilde Blüchers am Opernplatz legt der Volksmund die Worte unter: „Komm' mir hier Keener ruf meinen alten Ofen — „ick habe alleene kaum Platz." Vgl. Brandenburg, Scharnhorst, Stein.

Blümerant (vom frz. bleu mourant für dieu mourant), unwohl. „Mir is heute janz blümerant". Auch plümerant.

Blusen. Red. „Et wird ihn eklig in de Blusen rejen!" d. i. es wird ihm schaden.

Blutijel, Blutegel.

Blutwurscht. „Vor'n Sechser ordinäre Blutwurscht!"

Boböng, Bonbon.

Bock. Red. „Dir hat wol der Bock jestoßen?" (Zu Einem, der plötzlich wild wird.)

Bocken, eigensinnig sein. Bockig. „Det is'n richtijer Bock."

Bocksdemlich, Verstärkung von demlich, dumm.

Boden. Red. „Uf'n Boden bei't (jelbe) Ferd!" d. i. in der Rumpelkammer. — „So wat kraucht uf'n Boden nich rum!" (Ausdruck des Erstaunens.)

Börse. An der Börse jehn.

Bofiest, mürbe, faule Dinge. Bofiestig.

Bogen. „Er red't in eenen Bogen" d. i. immerfort.

Bohne. Nich de Bohnel" d. i. nicht das Geringste.

Bohnenspieker (auch Boden- und Bohlenspieker), großer Nagel.

Bohnenstange, langer Mensch.

Bohnenstroh. „Jrob (auch dumm) wie Bohnenstroh".

Bolle. 1) Zwiebel. „Bolle borré, vorn Dreier jibt's zwee!" 2) Nase. 3) Taschenuhr. 4) 'ne nette Bolle, 'ne riedije Bolle, von Menschen. 5) Hacken, die durch die zerrissenen Strümpfe sichtbar sind; dann Löcher in den Strümpfen.

Bombenfest. „Det steht janz bombenfeste."

Bombenkopp, Dummkopf.

Bommel (auch Ohrbommel), Ohrring. Kinder hängen sich zusammengewachsene Kirschen über die Ohren und nennen das nach der Zahl der Kirschen eine Dreibommel oder Vierbommel.

Boofke (Danziger Boofke), Schifferknecht.

Boom, Baum. Red. „Det is, um uf de Böme zu klettern!" (vor Aerger, Langeweile 2c.).

Boomaffe, Stutzer, gezierter Mensch.

Boomfleckig. Eine Hökerin vertheidigt ihre Aepfel: „Je boomfleckijer det se sind, desto süßer det se sind!"

Boomöl. Red. „Ick haue dir, dette Boomöl jibst!"

Boomwollen, baumwollen. Red. „Dreihundert Dahler Jehalt un zu Weihnachten 'ne boomwollne Weste."

Boofzen, sich, sich im Stillen ärgern. Verboofzt.

Borschtig (borstig), unverträglich, grob.

Borstwisch, Handbesen. Kulör de Borstwisch, von semmelblonden Haaren.

Bossig, wild, trotzig.

Brabbeln, undeutlich sprechen.

Brahma. Red. „Heiliger Brahma!"

Bramsig (auch brämsig), prahlerisch, aufgeblasen. „Er spielt 'n Bramsijen."

Brand. 1) Durst (wenn man am Abend vorher viel getrunken hat). 2) „Ick bin in' Brand" d. i. ich habe kein Geld.

Brandenburg. Die Stellung des Grafen Brandenburg (Standbild auf dem Leipziger Platz) wird durch den Volkswitz gedeutet: „Un wenn der Dreck so hoch is, mit die Stiebeln komm' ick doch durch!" Auch „Drippelt's schon?" soll er fragen, als ob er die Hand prüfend dem Regen entgegenhielte.

Brandenburjer Schnee, märkischer Sand.

Braten. Red. „Na nu brat' mir Eener 'n Storch!" (Ausdruck des Staunens). Oft wird dazugesetzt:

„Aber de Beene recht knusprig!" oder: „Aber 'n milchernen!"

Bratenrock, auch Braten-stipper, langschößiger Sonntags-rock

Braunbier. Red. „Er sieht aus wie Braunbier un Spucke" d. i. blaß, krank.

Breitschlagen, überreden, zu-reden.

Brejen, Gehirn.

Brejenklietrig, verrückt.

Bremmeln (vor sich hin), unver-ständlich reden. Bremmel, Einer der bremmelt.

Brensterig, brandig; faul, ver-dächtig. Vgl. Sengerig.

Brett. Red. „Er hat 'n Brett vor 'n Kopp" d. i. er ist beschränkt. — „Der Kerl sieht durch 'n eichen Brett — wenn 'n Loch drin is."

Briesche (auch Brüsche), Beule.

Briezkeule, Brieze, Bruder.

Bringen. „Da bringen se Eenen je-bracht." — Für begleiten: „Bring' mir doch noch 'n Ende." Drohend: „Dir wer' ick bringen!" (scil. uf'n Drab).

Brodullje, Verlegenheit (franz. bre-douille). Z. B. „Wir müssen rasch machen, sonst kommen wir in de Brodullje".

Brot. Red. „Det frißt ja keen Brot!" d. i. das kann man ja ruhig aufbewahren.

Brotfresser, Professor (Schulaus-druck).

Brouge, Brause (im Baderaum).

Bruder. Red. „Det is der beste Bruder ooch nich!" — „Det is 'n beser Bruder!" — „Na die Brüder!" — „Ick rufe meinen jroßen Bruder, der arbeet' in de Fabrik (der hat Nejel unter de Pantinen)!"

Brühe (Brieke), unnützes Gerede. „De janze Brühe".

Brühsuppe, Fleischbrühe.

Brüsche, S. Briesche.

Brummeisen (Maultrommel), eine zänkische Frau. „Ollet Brumm-eisen!"

Brummeln, wie bremmeln.

Brummen. 1) im Gefängniß sitzen. 2) nachsitzen in der Schule.

Brummer, große Fliege.

Brustkrank. „Sie sind wol brust-krank?" d. i. verrückt.

Buchholz. Red. „Da kennen Se Buchholzen schlecht!" mit Bezug auf eine bekannte Anekdote: Ein Ster-bender spricht dem tröstenden Predi-ger die Hoffnung aus, daß er droben seinen Freund Buchholz wiederfinden und mit ihm fröhlich kneipen werde. Auf die Einrede des Seelsorgers, daß im Himmel nicht getrunken werde, sagt er zuversichtlich: „Da kennen Se Buchholzen schlecht! Wo der is, da wird jesoffen!"

Bucht, Bett.

Buddeln, graben. Buddelei. Eine Kute buddeln. Kar-toffeln buddeln.

Bude, Stube. „Et wird dir eklig in de Bude rejen" (regnen). Vgl. Blusen. — De Bude zumachen, das Geschäft aufgeben. „Der bringt Leben in de Bude."

Budike (franz. boutique, Laden), Schankgeschäft. Budiker. Budiker-laden.

Bückling. Ruf der Verkäufer (mit eigenthümlichem Tonfall): „Bück-linge, Bücklinge, sechs un acht vorn Jroschen!"

Bürjersteig, Trottoir.

Bürschtenbinder. „Er rennt wie 'n Bürschtenbinder.

Bullenbeißer, bissiger Mensch.

Bullenwinkel, Durchgang von der Taubenstraße nach dem Hausvogteiplatz u. ä.

Bullerkopp, aufgeregter Mensch.

Bullerloge, auch Buller, Amphitheater, billigster Platz.

Bullern, Geräusch aufsteigender Blasen, z. B. beim Kochen. Red. „Wie 't fällt, so bullerts".

Bulljonkopp, Dummkopf (vom franz. brouillon.)

Bummeln, schlendern, müßig gehen. Bummelei. Bummelfritze. Bummler.

Bummern, mit den Fäusten gegen einen hohlen Raum schlagen. „Er bummert an de Dühre wie'n Verrückter."

Bums. 1) niedriges Restaurant; Bumstheater, Bumskeller. 2) Uf'n Bums, wie Bullerloge.

Bumsstille, ganz still.

Bumßen, durch Schlagen einen dumpfen Schall hervorbringen.

Burjemeister (Birjemeister), Bürgermeister.

Butterblume heißt in Berlin die Pflanze, die sonst Löwenzahn (Leontodon taraxacum s. Taraxacum officinale) genannt wird, während die Butterblume (Caltha palustris) in Berlin Kuhblume heißt. S. auch Pustblume.

Buttermilch. Red. „Er kommt wie die Fliege aus de Buttermilch" d. i. er macht langsam.

Butterstullenschmeißen, mit einem flachen Stein oder Scherben in kleinem Winkel auf's Wasser werfen, so daß derselbe in Sprüngen darüber hinweghüpft. „Wie oft kannst du'ne Butterstulle? Fünf mal. Wie oft is'n deine jejangen? 2c.

Butzen, stoßen. Butzkopp. In der Kindersprache: Butzköppchen machen, mit den Köpfen zusammenstoßen.

Butzer, ein Stück Holz, das in die Hand geschlossen wurde, meist noch mit einer Strippe versehen, zum bessern Halt. Damit wurde gebutzert. Diese Waffe ist wohl verschwunden; der Ausdruck Butzern aber ist geblieben und abgeschwächt zu der Bedeutung Puffen.

C.

(Andere Wörter mit C siehe unter K, S oder Z).

Casus „Det is der Casus knusus" d. i. die Schwierigkeit.

Chacun. Red. „Jeder nach seinen Chacun!" d. i. chacun à son goût.

Charlottenburger, Schnäuzen der Nase mit den Fingern.

Chor. Der Berliner denkt Chor statt Corps, wenn es auch nicht zu hören ist. Im Plural tritt es zu Tage: zwei Armeechöre. Auch Zeitungen schreiben: „Die Garnison Berlin sandte verschiedene Musikchöre." — Der Artikel wird immer richtig gegeben: „Sie is bei's Chor" (Tänzerin). — „Sie is bei'n Chor" (Sängerin). — Chor (Corps), Gesellschaft, mit schlechter Nebenbedeutung. „Seid ihr 'n Chor!" — Chor der Rache. (G. W. 389.)

Civilhelm, Hut.

Clique, Gesellschaft, nicht mit tadelndem Nebensinn, wie in der Schriftsprache.

Colosseumschleicher, Schlafschuhe.

„Comment vous Portugal?" (für portez-vous), scherzhafte Frage. Als Antwort hört man wohl: „Très

Lissabon!" — Auch „Comment vous Portemonnaie - vous?" — „Forte piano!"

Cónduß, Conditor. (Schulausdruck. Vgl. Direx.)

Confivchen, convivium, lustige Gesellschaft.

Confusion. Red. „Det muß allens seine jehörije Confusion (d. i. Ord-nung) haben!"

Confusionsrath, confuser Mensch, auch Confusionarius.

Constablerjriff, Griff in den Rockkragen.

Consorten, schlechte Gesellschaft.

Corps. S. Chor.

Cottbus. Red. „Der fremde Herr aus Cottbus!" (Antwort auf die Frage: Wer war'n das?)

Cujeniren, ärgern.

D.

Dabei. Red. „Wat is'n dabei?" d. i. was schadet das? „Finden Se da wat bei?" d. i. Scheint Jhnen das nicht erlaubt? Red. „Da sind wir doch ooch noch dabei!" (Ant-wort auf eine Drohung).

Dach. Einem auf's Dach steigen, ihn strafen.

Dachhase, Katze.

Dacht, Docht. Red. „Dachte sind keene Lichte!" (wird gebraucht, wenn Jemand eine Entschuldigung mit „Jch dachte" anfängt).

Dadazu, dazu. „Wat sagste denn dadazu?" Ebenso dadabei, da-damit u. a.

Dämlich, Adjectiv zu Dame; z. B. das dämliche Schuhzeug. Ebenso herrlich zu Herr.

Dag (spr. Dach), Tag. Dåg ooch, d. i. guten Tag! Red. „Je länger der Dag, je scheener de Leute!"

— „'n scheener Dag heute Abend!" (den möcht' ick mal bei Dage sehn!)" — S. auch Nanu.

Dahinter. Sich dahinter lejen, eifrig betreiben. Ebenso sich dahinterknieen.

Dahler, Thaler. Red. „Jott soll mir 'n Dahler schenken!" (Ausdruck des Erstaunens.) — „Kost' wol ooch 'n Dahler un acht Jroschen?" (iro-nisch von theuern Sachen.)

Dalbern, täppischen Spaß machen.

Dalen. S. talen.

Dalli (poln.), vorwärts, flink. „Jmmer dalli!"

Damm. „Er is uf'n Damm" d. i. gesund, vergnügt.

Dammeln, wie dalbern. Dam-melig.

Dampf. 'n Dampf anduhn, den letzten Stoß geben. „Det hat ihn 'n Dampf anjedahn."

Dampfferdebahn. „Haste schon de neue Dampfferdebahn jesehn?"

Danach. Red. „Et wird ooch danach sind!" d. i. nichts taugen. — „Da-nach jehts nich! wenn man 't Herz jut is!" (wenn 't Herz man schwarz is — un der Stiebel nich drückt — un de Seele keene Falten hat).

Danke, Kommal (ironische Ant-wort auf eine Beleidigung, ein Schimpfwort). Ebenso „Danke, Colleje!" Red. „Danke, et jeht (vgl. schneet) — Musike war nich, jedanzt ha'm wir doch!"

Danzboden. Red. „Danzboden hat'n Loch!" d. i. die Sache ist miß-lungen; auch: er bekommt eine Glatze.

Dardanellen. Red. „Rin mit ihm in de Dardanellen!" sagt man, wenn man Jemand z. B. in ein Haus hineinstößt.

Dasein. Red. „Det is 'n schweret Dasein — wenn man hier is."

Dáso, da. Wo steht er denn?" — „Na dáse.

Daubenschlag. Red. „Det jeht immer rin un raus, wie in' Daubenschlag!"

Daus. Red. „Den kenn' ick wie 'n Daus." Sonst Daus selten für A ß.

Davor. Red. „Du kannst wol nich davor?" d. i. du bist wohl verrückt? Auf die Entschuldigung „Ich kann ja nich davor" wird erwidert: „Det weeß ick schon lange, dette nich davor kannst!" „Wat ick mir davor koofe!" d. i. daraus mache. (Aus der Posse Otto Bellmann von Kalisch.)

Daweile, unterdessen, statt dessen.

Dazumal, damals. Anno dazumal.

De bist wol? scil. verrückt.

Deckel, Hut.

Deckeln. 1) Den Hut abnehmen. 2) Einen deckeln d. i. ihm den Standpunkt klar machen.

Deechaffe (Teigaffe), Spottname für den Bäcker.

Deez, Kopf.

Deftig, tüchtig, kräftig.

Deibel, Teufel. Red. „'n Deibel ooch!" d. i. ich werde mich hüten. — Ebenso: „Ick wer'n Deibel duhn!" — „da frag' ick 'n Deibel nach!" — „Weeß der Deibel!" — „Wenn der Deibel sein Spiel hat —" „Det is all' eenen Deibel!" d. i. das ändert nichts. — „Lüg' du un der Deibel!" — „Da sitzt der Deibel hinter!" d. i. das ist schwierig. — „Da is heute der Deibel los." — „Pfui Deibel — — noch eenen!" (nach dem ersten Schnaps). — „Du kommst in Deibels Küche." — „Dir soll der Deibel fricassiren!" — „Nu schlag'

Jott 'n Deibel dodt!" — „Vor Jeld kann man 'n Deibel danzen sehn." — In der Noth frißt der Deibel Fliejen!" (und fängt se sich noch alleene — un kaut se ooch noch). — S. auch **Erbsen.**

Dekrig. S. Tekrig.

Demel, Kopf.

Demelsack. Red. „Der Kerl is mit 'n Demelsack jeschlagen" d. i. er ist sehr dumm.

Demlack, Demelack, Dummkopf.

Demlich, dumm. Auch frech (S. kommen). S. auch dämlich.

Denken. Red. „Na wat dachten Sie denn?" — „Denk dir mal" beginnt meist die Mittheilung einer Neuigkeit.

Deppen, ducken.

Derjenichte, welcher.

Derquere, quer.

Derweile, während.

Desig (auch dösig), dumm.

Desinfeziren, desinficiren.

Destille, Destillation.

Deutsche. Red. „Un die alten Deutschen!" (damit trinkt Einer dem Andern ein Stück Weißbier zu) — „tranken noch mal, ehr se jingen!" sagt der Andere und kommt nach. — Ein Deutscher (wie Klatsche); Schnlausdruck, wohl veraltet.

Dezem (Zehnten, was Einem zukommt). „Er kriegt seinen Dezem." „Da haste deinen Dezem."

Dichte. Red. „Der kann nich dichte halten!" d. i. nichts für sich behalten.

Dickde, Dicke.

Dicke, dick. Red. „Det hab' ick dicke" d. i. satt. — „Det wirste bald dicke kriejen." — „Er is dicke durch." — „Da biste in'n dicken Irrthum." — Dicke Freundschaft. („So dicke ſind wir noch nich.") — Det dicke Ende kommt nach." — „Nu ſitzt er da mit'n dicken Kopp." — Sich dicke duhn. — „Dicke duhn is mein Reichthum" (ironiſch, aus dem Sinne des Andern). — „Dick, dumm, faul un jefräßig."

Dickkopp, Trotzkopf.

Dicknesig, hochmüthig. Ebenſo Dickſchnäuzig.

Diebiſch, ſehr, bei Derben; beſ. ſich diebiſch freuen.

Dienſtbolzen, Dienſtmädchen. Ebenſo Dienſtſpritze.

Dieſelig, ſchwindlig.

Dieſes wenijer, höfliche Verneinung.

Dietrich. „Blutwürſchtijer Dietrich", ſcherzhaft für blutdürſtiger Wütherich. Wohl entſtanden durch einen Reſtaurateur Dietrich (auf dem Windmühlenberge), der ſich durch gute Blutwurſt empfahl.

Ding (Plur. Dinger). „Kriſt 'n Ding!" d. i. eine Ohrfeige. (Zuſatz: wat 'n Fund wiegt). Auch Dings (Vgl. Zeugs). Dingerichs. — Dingsda und Dingskirchen für irgendwelchen Ortsnamen. S. auch Munter.

Dinne, dünn. Red. „Is det dinne!" (ſchwach). Sich dinne machen, dinne werden, ſich heimlich entfernen.

Direx, Direktor. Schulausdruck.

Diſcher, Tiſchler.

Dito. Red. „Dito mit Schrauben!"

Dividendenjauche, Actienbier.

Dividiren. Mit de fünfe (ſprich fümwe) in de Zehne (Zähne) dividiren, mit der Fauſt in die Zähne ſtoßen. — Scherzfrage: „Wat kommt'n raus, wenn man mit de fümwe in de Zehne dividirt?" Antwort: Blut.

Dod, Tod. Red. „Kriſt 'n Dod!" oft mit dem Zuſatz: „in beede Waden!" (Ausruf des Erſtaunens. Vgl. Motten.) Auch „Kriſt 'n blaſſen Dod!" — Allen Dod un Deibel, Alles Mögliche. — Sich 'n Dod holen, d. i. ſich eine tödtliche Krankheit zuziehen. — „Det kann ick vor'n Dod nich leiden."

Dodig, todt.

Dodt, todt. Red. „Ick ſchrei' mir dodt" (vor Vergnügen). Ebenſo „Ick lach' mir dodt, ick ſchieß' mir dodt!" — „Wer is dodt?" d. i. Was iſt los? — „Ick war mehr dodt wie lebendig."

Dohle, Hut (Cylinder).

Dohrweg. Red. „Alter ſchützt vorn Dohrweg nich."

Doktern. „Er doktert immer an ſich rum."

Doll, toll. Comparation: döller, auch döllinger, am döllſten. Wie doll, zur Verſtärkung; „er ſchnarcht wie doll". Ebenſo wie närriſch, wie verrückt, wie doll un verrückt. — Red. „Et paſſiren de dollſten Jeſchichten!"

Dom. Red. „Nu is't aus in Dom!" (Zuſatz: „Jetzt jehn wir in't Spittel" d. i. in die Spittelkirche).

Donna, Dienſtmädchen.

Donnerkiell Dunderkieſell Ausruf des Staunens.

Donnerwetter. Red. „Den ſoll ja det Donnerwetter rejieren!" S. auch Jedanke.

Donnerwettſteen, Donnerwettſtockl (Flüche.) Auch Dunnerwettſteen.

Doppelt. Red. „Doppelt hält beſſer." — „Doppelt reißt nich."

Draaſch (auch Dreeſch), ſtarker Regen.

Drab, Trab. Red. „Dir wer ick uf'n Drab bringen!" d. i. zur Ordnung bringen.

Drängelberjer, absichtliches Gedränge. Schulausdruck.

Drängeln, drängen. Sich durchdrängeln, sich rindrängeln u. ä.

Drange, eng. „Der Kasten jeht drange" d. i. er schiebt sich schwer.

Draußen. Red. „Det is draußen wie vor de Dühre" d. i. Eins wie's Andre. Vgl. Jacke und Muß. — „Machen Se de Dühre von draußen zu!"

Dreck, Schmutz. Plur. Drecker. Durch Dreck un Speck d. i. durch Dick un Dünn. Red. „Du verstehst (weeßt) 'n Dreck davon" d. i. garnichts. — „Nu stehste da wie't Kind bei'n Dreck!" d. i. nun weißt du nicht, was du anfangen sollst. — „Da hättste ooch 'n rechten Dreck!" — „Er hat mir runterjemacht wie'n Dreck in de Renne!" d. i. er hat mich sehr schlecht jemacht.

Dreckliese. Eine Mutter ruft aus dem Fenster ihrem kleinen Balg zu: „Aurora, Dreckliese, willste wol mit de Beene aus'n Rennsteen!" (Ist die Unterschrift unter einem der von Gropius unter Mitwirkung des alten Schadow herausgegebenen „Berliner Witze", deren beste Sammlung im Hinterzimmer der Habelschen Weinstube unter den Linden noch heute hängt. — Dreckig. „Et jeht ihm dreckig" d. i. schlecht. Auch dreckrig.

Dreckschleuder. „Den sein Maul jeht ooch wie 'ne Dreckschleuder!" d. i. er hat ein freches Maul.

Dreckschwalbe, Maurer.

Drecksstipper, langer Gehrock.

Drecktreter, große Schuhe.

Dreeschen. Et dreescht, es regnet stark.

Drege, Dummkopf, Schlafmütze.

Drehrolle. S. Rolle.

Drei. Red. „Er duht, als wenn er nich bis drei zählen kann — un denn hat er't faustendick hinter de Ohren!" — „Drei Treppen hoch in Keller" als Wohnungsangabe.

Dreidoppelt, dreifach. Niemals zweidoppelt u. a.

Dreier. Dreipfennigstück. Sechs Dreier wird auch jetzt noch für funfzehn Pfennig gesagt (ebenso Sieben Dreier, Zehn Dreier u. a.) — „Platz vor'n Dreier!" — „Den keun' ick wie'n Dreier." — „Ick laß mir mein' Dreier wiederjeben" d. i. ich spiele nicht mehr mit.

Dreihärig, abgefeimt.

Dreijoner, Dragoner.

Dreikesehoch, sehr klein, von Personen.

Dreimal. „Vorn Jroschen dreimal um'n Leib" von schlechtem Tabak.

Dremmeln, durch Reden bedrängen.

Dresche, Prügel. Dreschen, prügeln.

Driest, dreist. Red. „Driest un jottesfürchtig."

Driftig, dreist. 'n driftijer Junge.

Drin. Red. „Det ligt janich drin" d. i. er hat nicht das Talent dazu.

Drippen, triefen. Drippeln, träufeln (intransl.), schwach regnen.

Drittvorletzte, drittletzte.

Dröbbenröbber (drüben rüber) „Wat is'n det vorn Kerl? — „Ach det is so eener von dröbbenröbber!" d. i. ein dummer Kerl.

Drömerig, träumerisch.

Droomflöte, schläfriger Mensch; ebenso

Droomlade. Auch Drömlade.

Droppen, Schnaps.

Droschkenkutscher. Neckereien
derselben: „Kutscher — det Rad —
det Radl — — Det dreht sich!" —
„Kutscher, fahren Sie?" „Ja!" „Na
ick loofe!" — „Kutscher, sind Sie
ledig?" „Ja". „Na denn heirathen
Se!"

Droschkon (mit nasalem on), Droschke.

Drucksen, mühsam herausbringen;
auch für nelen, nicht fertig werden.

Drückeberjer, Einer, der sich drückt.

Drücken, sich, sich einer Pflicht,
einer Gesellschaft entziehen.

Drufjehn. 1) sterben. 2) viel drufjehn lassen, verschwenden, besonders bei der Bewirthung. — S.
auch Blücher.

Drufsetzen (einen Schnaps); dies
ist nöthig, wenn man sich geärgert
hat; auch nützlich nach fetten Speisen
oder nach dem Anblick einer dicken
Frau.

Drufstuken, Jemand mit der Nase
auf etwas drücken, meist bildlich.

Drum rum sein, sich um Jemand
bemühen, ihm zu gefallen suchen.
„Det Meechen is sehre um ihn rum."

Drunterdurch. S. untendurch.

Druzeln, nicht fest schlafen. In-
druzeln.

Druzelig, schläfrig.

Duddel, auch Dutsch, Tadel.
Schulausdruck.

Dudelsack. Red. „Der sieht ooch 'n
Himmel vor'n Dudelsack an" (bei
einer groben Verwechslung). Sonst
kennt der Berliner den Ausdruck nur
noch in der Zungenübung: „Con-
stantinopolitanischer Dudelsackseifen-
macherjeselle."

Duft, schlau. 'n dufter Junge.

Duge, dummer Mensch. Dugig.

Duhn, thun. „Wat duh' ick damit?"
Red. „Duh' mir nischt — ick duh'
dir ooch nischt!" — „Man so

duhne!" d. i. nur zum Schein. „Na
duh' man nich sol!" — Duhn beim
Infinitiv, besonders zur Hervorhebung
eines Zeitwortes; z. B. „Sehn
duh' ick'n nich!" „Duhn duhst de't
ja doch nich!" Red. „Haben haben
wir keene, aber kriejen könnte't
sind, det wir bald widder welche
duhn." — „Duhn duhn woll'n se
nischt, aber nischt duhn, det woll'n
se duhn."

Duhne, völlig betrunken. „Er is
dick un duhne."

Dumm. Eenen dumm machen,
beschwatzen. — „Det is dumm", d.
i. unangenehm. Red. „Sie sind
wol 'n bisken dumm?" — „De
Dummen wer'n nich alle." — „Da
bin ick mal wieder der Dumme jewesen!" — „Det muß doch 'n dummen
Menschen jesagt wer'n!" d. i. das
kann ich doch nicht wissen. — „Sie
denken wol, ick bin so dumm, wie
Sie aussehn?" (Aus der Posse
„Kläffer" von Wilkens.)

Dummheit. Red. „Dummheit is
ooch 'ne Jabe Jottes — aber man
muß se nich mißbrauchen".

Dummerjan, Dummkopf.

Dunnemals, damals.

Dunner Sachsen! Ausruf des
Erstaunens. Vgl. Donner.

Dunstkiepe. 1) Helm. 2) Kopf.
3) Dummer Kerl (Schimpfwort).

Durch. Red. „Det jeht Eenen durch
un durch" sagt z. B. Jemand, der
ein Geräusch nicht hören kann).

Durchbrennen, entfliehen (und
etwas mitnehmen).

Durchhauen, prügeln.

Durchjehn, die Nacht durchkneipen.
Durchjänger.

Durchkalaschen, prügeln.

Durchknallen, durchpausen.

Durchplumpsen, durchfallen beim Examen.

Durschtern, dursten, nur unpersönlich: „Mir durschtert so". Auch „mir durscht". — Vgl. roochern.

Dusel. 1) verworrener Geisteszustand. Duselig. 2) Glück.

Dusemang (doucement), sacht, langsam.

Dusig, dumm.

Duzel, dummer, vergeßlicher Mensch. Duzelig. Duzelkopp. Duzelthier. Red. „Er macht seinen Duzelijen." Vgl. Ehrpuzelig.

Duster (düster), dunkel.

E.

Ebend, eben. Besonders am Ende eines Satzes. „Na ebend!" „Drum all ebend!"

Ebendso. „Det is man ebendso viel" d. i. das ändert nichts daran.

Ecke. 1) Stück (zur Angabe der Entfernung); z. B. „Von hier bis an't Schloß is 'ne jehörije Ecke". 2) Jemand um die Ecke bringen, ihn ermorden. Papiere um die Ecke bringen, sie beseitigen. Ecksken, Stückchen. 3) Ausschlag am Munde, wie Jriebe.

Ede, Edewacht, Eduard. Mein Ede (aide), Partner beim Kartenspiel. Nasser Ede wurde der Schah von Persien, Nassr-Eddin, genannt.

Eeks! Ausruf des Ekels oder Abscheus.

Eene acht Dage früher — denn hätt' ick u. s. w.

Eene Piepe. Red. „Det is Eene Piepe" d. i. ganz dasselbe.

Eenjal, gleich. In gebildetem Berlinisch eingal (entstanden durch Verschmelzung von einerlei und egal).

Eens. In eens weg, immerfort.

Eenzigste. „Det is 't eenzigste Mittel".

Eetschen, auseetschen, verspotten (durch Schaben mit den Fingern, wobei man eetsch sagt). „Eetsch, siehste wol!"

Effekt. Red. „Macht Effekt un kost' nischt."

Ehmänner, eine Art Theekuchen, so genannt nach dem Conditor Ehmann in der Friedrichstraße.

Ehrpnzelig, von komisch-ehrsamem Wesen. „Er macht seinen Ehrpnzelijen".

Ei. „Wie aus'n Ei jepellt" d. i. sehr sauber. Red. „Det hat so seine Eier" d. i. es ist nicht so leicht, wie es aussieht. — „Mit den muß man umjehn, wie mit 'n rohet Ei". — „Er jeht wie uf Eier".

Ei wei, Ausruf der Freude, der Verwunderung, der Besorgniß, eines Entschlusses u. a. m. „Ei wei Backe!*) — „Ei wei, mein Meiseken (Mäuschen)!" — „Hujo, kommste ruf — die Keile, ei wei!"

Eichen. „(Eene Weiße) vons eichne Brett!" d. i. eine besonders gute.

Eichenlaub, mit, zu besonderer Auszeichnung. Z. B. „Wat is'n det vor'n Mensch?" — „'n Rindvieh mit Eichenlaub!"

Eichkuz, Eichhörnchen.

Eien, streicheln. Kinderwort.

Einfach. Red. „Einfach, aber jeschmacklos!"

---

*) Wir wollen unsern Lesern die Vermuthung eines Mitarbeiters nicht vorenthalten, daß „Ei wei Backe" von dem lat. evoe Bacche! abzuleiten sei.

Einfall. Red. „Er hat Einfälle wie'n ollet Haus".

Einsejnungsjunge, Junge mit Cylinderhut und Bouquet, wie junge Leute bei der Confirmation zu tragen pflegen. Red. „Der hat'n Bouquet, da kann sich 'ne Kuh dran satt fressen."

Einspänner, Junggesell.

Einwohner. Red. „Zum Vergnüjen der Einwohner". („Dem Vergnügen der Einwohner" lautet die Inschrift am Theater in Potsdam.)

Ein. Andere Zusammensetzungen s. unter In.

Eisbeene, Schweinsfüße (mit Sauerkohl). — Red. „Den Kerl wer' ick de Eisbeene knicken" d. h. ihn verhauen. — „Ick habe reene Eisbeene!" d. i. kalte Füße.

Eisekalt, eiskalt.

Eisen, eilen.

Eisenbahn. Man hört oft fragen: „Wenn kommt 'n de Eisenbahn?" (statt der Zug). Red. „Et is de höchste Eisenbahn" d. i. die höchste Zeit.

Eiserkasten, Kasten mit Nägeln u. ä. Ebenso Eiserladen, Eisermann, Eiserflecke, Eisertopp.

Ejal (weg), hintereinander, immerfort. „Der Kerl is ejal besoffen".

Ekel, Schimpfwort. „Oller Ekel!"

Ekeln, sich, sich sträuben. „Nu, er wird sich ekeln!" (ironisch. z. B. eine Erbschaft anzunehmen).

Eklapage (auch Eklepage), Equipage.

Eklig, zur Verstärkung; z. B. „Det eff ick eklig jerne." „Da kann er eklig rinfallen." — „Sowat is eklig!" d. i. unangenehm.

Ekzetra, et cetera.

Elfte Jebot. „Wie heißt das elfte Jebot? — Laß dir nich verblüffen!"

Ellbogen, Ellenbogen. Red. „Ick kann nich mit 'n Ellbogen in de Westentasche kommen!" d. i. ich gebe nichts.

Elle. Red. „Der hat 'ne Elle verschlnckt" d. i. er geht sehr steif und gerade. — „Denn wird de Elle länger als der Kram" d. i. die Kosten sind größer, als die Sache werth. ist.

Ellenreiter, Verkäufer in Leinenhandlungen u. ä.

Elsterooge, Hühnerauge. Eenen uf de Elsteroogen treten, ihn zur Rede stellen.

Eltern. Red. „Det is nich von schlechten Eltern!" d. i. sehr gut. — „Man kann in der Wahl seiner Eltern nich vorsichtig jenug sein."

Emmer, Eimer.

Ende, Stück. 'n Ende Wurscht. — Dim. Endsken. — „Komm doch noch'n Ende mit!" — „Ach Jott, so'n Endeken!" — Red. „Potz Deibel un keen Ende!" — S. auch dick.

Endenblei, schlechter, brüchiger Bleistift.

Engel. Red. „Du bist 'n Engel — mit'n B vor." S. auch keifen.

Enke, Steckling, Sprößling. „Willem, meine Enke, wo biste?"

Ent oder weder für entweder — oder.

Ente. Red. „Er schwimmt wie 'ne bleierne Ente uf'n Jrund."

Entfernt. Red. „Det macht sich von weiten sehr entfernt" d. i. es sieht gut aus (ironisch).

Entschuldijen. Red. (wenn man angefahren wird) „Entschuldijen Se man, det ick jeboren bin!" — „Entschuldijen Se, det Se mir jetreten haben.

Entzweirig, entzwei. Auch entzweiig.

Erbsen. „Dreiviertel uf kalte Erbsen!" (häufige Antwort auf die Frage: Wat is'n de Uhr?) Red. „Da hat der Deibel Erbsen druf jedroschen!" (von einem pockennarbigen Gesicht.)

Erbsensprache (der Kinder) besteht darin, daß jedem Buchstaben die Silben erbsen angehängt werden. Kerbsen, orbsen, rerbsen, berbsen heißt z. B. Korb. Vgl. Räubersprache.

Erde. Uf de Erde, an de Erde, statt auf dem (den) Fußboden.

Erfassen. Red. „Der hat's erfaßt!" d. i. er hat das richtige Mittel gefunden.

Erleben. Red. „Da kannste wat erleben."

Erpel, Enterich.

Erpeln, erben.

Erschossen, sehr erschrocken.

Erstensmal, zweetensmal etc. beim Anführen von Gründen.

Esel. Red. „Dir hat der Esel in Jalopp verloren!" d. i. du bist nichts werth. —'n Esel zu Jrabe läuten, d. i. mit den Beinen baumeln.

Essig, stark, sehr. „Et jibt essje Bimsel!"

Essen. Red. „Da ligt er in't Essen!" d. i. er sitzt in der Tinte. — „Fall man nich in't Essen!" d. i. ziere dich nicht.

Essig. Red. „Er is janz in seinen Essig" (verdreht aus in seinem Esse). „Damit is 't Essig" d. i. getäuschte Hoffnung.

Essigsaurer, Stoß mit dem Knie von hinten. (Schulausdruck.)

Ete (wie Ede), Eduard.

Ete, auch ete-peteete, pröde, übertrieben feinfühlig.

Etsliche, etliche.

Eugen (immer auf der ersten Silbe betont und mit französ. g.)

Eust! (auch Uist!) Ausruf von Kindern, wenn sie sehen, daß ein Anderer etwas Verbotenes thut. „Eust — der wird anjesagt!"

Ewig. „Ewig un drei Dage" d. i. sehr lange.

Ex faustibus, aus der Hand, ohne Messer und Gabel essen.

Examen, der. „Er macht heute seinen Examen." Auch Exam.

Exen, hinter die Schule gehn.

Exkneifen, ausreißen.

Exschieben, wie exen.

Extern mit Einem, ihm etwas beizubringen suchen.

F.

ff. Eine (Ohrfeige) aus'n ff! d. i. eine sehr starke.

fack fack! d. i. rasch. „Ick jleich ufjesprungen un fack fack hin bei ihm!"

fackeln, zögern, Umstände machen. „Nich lange jefackelt!"

Fahne, leichtes, helles Waschkleid.

Fahrebund, Vagabund.

Fahren. Einem an den Wagen fahren, grob gegen ihn werden.

Fall. Red. „Det is nich mein Fall!" d. i. da halte ich nicht mit.

Falle, Bett. — Red. „Die Falle!" d. i. das glaube ich Ihnen nicht.

fallen. Red. (wenn etwas fällt) „Da scheint wat zu fallen!" oder „Et wird jleich wat fallen!"

falsch. 1) Auf falschem Wege. „Ich bin hier wol falsch?" 2) Böse, „Ich bin so falsch uf den Kerl!" S. auch Jaljenholz.

falscher Bedrüjer!

Familie. Red. „Et bleibt in der Familie!" d. i. es bleibt unter uns. — „Sowat kommt in den besten Familien vor!"

Familienknicker, großer Regenschirm.

famos, schön. „Au famos!" — 'n famoser Kerl, ein angenehmer Gesellschafter.

Fannknchenjesichte, aufgedunsenes Gesicht.

Fatzen, Stück (wie Atzen).

Fatzke, alberner Mensch.

faul, schlecht, unzuverlässig. „Fauler Kopp!" — „So'n fauler Junge!" — „Faule Witze!" — Faule Jrete heißt irrthümlich die große Kanone im Kastanienwäldchen.

Faulfieber, Trägheit.

Faustendick. S. Drei.

Fauzen, hauen.

Faxen, Gesten, Umstände, Ausflüchte.

Faxenmacher, der durch komische Bewegungen Lachen zu erregen sucht.

Federball. Uf'n Federball jehn, zu Bett gehn.

Feez, Spaß, Vergnügen, Unsinn. „Au feez!" — „Na so'n Feez!" — „Mach keenen Feez!"

Feffern, werfen.

Fehlen. „Fritze is krank." „Wat fehlt ihm denn?" „De Jesundheit!"

feierlich. Red. „Det is ja recht feierlich!" d. i. garnicht schön.

Feife. „Dabei kann Eenen de Feife ausjehn" d. i. die Geduld.

Feifen (einen), trinken. — „Denn hörste de Engel in Himmel feifen" sagt ein Junge dem andern, um ihn zu verleiten, bei starkem Frost an einem eisernen Brunnenschwengel zu lecken.

Feifenkopp. Red. „Den möcht' ich uf'n Feifenkopp haben — de Beene übern Abjuß (un'n Ders drunter)!"

Feifer Red. „Du bist wohl bei Feifern in de Abendschule jejangen?" sagt dasselbe wie: „Du hast die Glocken läuten hören und weißt nicht, wo sie hängen."

fein, oft für schön. „Det is fein." „Feine raus." — Feiner Fleischwaarenhändler, Vater heirathsfähiger Töchter.

Feindschaft. Red. „Darum keene Feindschaft nich!" (Aus dem „Fest der Handwerker.")

Fell, Haut. „Den ha'm wir't Fell lose jemacht" d. i. geprügelt. — 't Fell versaufen, nach einer Beerdigung kneipen.

Fensterlade, Umgebung des Auges. Blaue Fensterlade, blau angelaufenes Auge.

Feodor. Red. „Feodor, du bist ja furchtbar nett!" („Er is furchtbar nett" sagt Laura in „Bädecker" Posse von Georg Belly.)

ferchterlich, fürchterlich.

Ferd (Pferd). Red. „Det merkt 'n Ferd!" d. i. das ist leicht zu merken.

Ferdinand. Red. „Du hast mehr Jlück wie Fer — dinand" (für Verstand).

fermooßt, famos, schön.

Fernand, Ferdinand.

fertig. „Det krigt (bringt) der fertig!" d. i. er ist im Stande, das zu thun.

Fest. Red. „Man muß de Feste feiern wie se fallen" d. i. man muß Alles mitmachen.

Festel Ruf zum Aufhetzen, bei einer Prügelei u. ä. Feste uf de

Weſtel „Machſte det mit?"
„Aber feſte!" — „Feſte, Karll"
Fetſchow. Red. „Det kann Fet-
ſchows Hausknecht ooch!" wird bei
Löfung einer leichten Aufgabe geſagt.
In der Poſſe „Kläffer" von
Wilken hieß es: „Das kann Leh-
manns Kutſcher auch!"
Fett. „Da haſte dein Fett" d. i. deinen
Lohn. „Der hat ſein Fett weg."
Fettoogen (auf der Fleiſchbrühe).
Fetzen, Stück, wie Fatzen.
Fetzen, ausfetzen, Blätter aus
einem Heft reißen. Schulausdruck.
Feuern, werfen.
Fiddelbogen. „Er ſitzt ſo krumm
wie'n Fiddelbogen."
Fidüz, Vertrauen.
Fieſematenten, Schliche. Red.
„Mit Fieſematenten ſpiel' ich nich!"
Fieſt. 1) Lehrling; z. B. Töpper-
fieſt. 2) verächtlich, wie in
Jrienefieſt. S. d.
Fieſtern, werfen.
Finger. Red. „Den kenn' ich wie
meinen kleenen Finger." — Vgl.
Dreier. — „Er beißt ſich lieber 'n
kleenen Finger ab!" (ehe er das
thut.) — „Det is nich weit, da kann
man ja mit'n Finger hinzeijen!"
Fingerkloppe, Schläge auf die
Finger.
Fingſtochſe. S. Uffjedonnert.
Fiſcher. Red. „Juten Morjen, Herr
Fiſcher!" (G. W. 418.)
Fiſpel, Fiſtel.
Fitze, Strähne. Eine Fitze
Zwirn.
Fix, flink. Fix un fertig,
ganz fertig.
Fixelig, leicht angetrunken.
Flaatſchen, großer Fleck. Fett-
flaatſchen.
Flabbe. S. Flebbe.

Fladrnge (auch Fladuſe), alter
Frauenhut.
Flanellwache. „Er ſteht Flanell-
wache", wenn Jemand vor dem
Hauſe ſeiner Pouſſade auf ſie
wartet.
Flanze, Pflanze. „Ne nette
Flanze!" von einem Menſchen.
Flaps. 1) ungeſchliffener Menſch.
Flapſig. 2) Gut. „Flaps ab!"
Flaſterſtein, Art Pfefferkuchen.
Flebbe, mürriſcher Mund. Eine
Flebbe ziehn. Auch Flabbe.
Fleck. Red. „Machen Se ſich man
keenen Fleck!" d. i. zieren Sie ſich
nicht.
Flednſe, Flöte.
Fleeſchkaſten, Sarg.
Fleiß. Etwas mit Fleiß
thuu, d. i. mit Abſicht.
Fleje, die, Floh. Auch eine
Flöhe.
Fleemſch (flämiſch), grob. Auch
unfleemſch in gleichem Sinne.
Flezen (auch flözen), ſich rück-
ſichtslos auflegen. Flez, unge-
hobelter Menſch. Flezigkeit,
Rückſichtsloſigkeit.
Fliejen für zittern. „Ich flieje
vor Angſt an janzen Leibe".
Flinte. Red. „Himmel, haſte keene
Flinte! (Schieß mir mal acht
Jroſchen vor!)"
Flitzen, fliegen. Flitzbogen.
Flöten jehn, verloren gehn. Ael-
terer Scherz über die beiden Figuren
auf den Treppenwangen des Schau-
ſpielhauſes: „Wenns bei de alte
Leier bleibt, denn jetzt de Kunſt
flöten."
Flötentöne. Red. „Den woll'n
wir de Flötentöne beibringen!"
(drohend.)
Flözen. S. Flezen.
Flüchtel, Flügel.

flüchtijes Element (auch fliejendes Element, fliejende Rejimenter) sagt das Volk für flüchtiges Liniment (linimentum volabile).

Flunsch, vorstehende Unterlippe, als Zeichen der Unzufriedenheit bei Kindern.

fluusch; ein Flnusch Haare, eine Handvoll.

fluuschen. „Det fluuscht (besser)" d. i. schafft, hilft mehr.

forsch, stark. Die Forsche (force). „Det is seine Forsche."

Fortschritt. Der gehinderte Fortschritt und der beförderte Rückschritt heißen im Volksmunde mit politischem Witz die beiden Broncebilder der Pferdebändiger vor dem Schloß. (G.IV. 404.)

Frachtwagen. Red. „Mit'n jrößten Frachtwagen!" d. i. mit dem größten Vergnügen.

fragen. „Nu frag' ick eenen (Menschen)!" Ausruf der Verwunderung. Vgl. Bitten. — „Mußt mal fragen!" (Abweisung einer lästigen Frage.)

franjen, fransen.

französisch. Sich uf französisch drücken, d. i. sich ohne Abschied entfernen. — Red. „'n bischen französisch, das klingt ja so wunderschön!" (Aus: „Ein gebildeter Hausknecht" von Kalisch.)

Fraß, schlechte Kost.

Fratze, Gesicht. Fratzen schneiden, Gesichter schneiden. Zu Kindern wird gesagt: „Schneide keene Fratzen! Wenn de Uhr schlägt, bleibt't Jesichte stehn!"

Fratzjee, gezierter Mensch.

Frauenslente, Frauenzimmer.

frech. Red. „frech wie Oskar!"

Freiberjer. S. Nassauer.

Freimaurercijarre, die nur ein Maurer und auch der nur im Freien rauchen kann.

Freitag. Schulwitz: „Morjen is Frei—tag!"

Freßabilien, Eßwaaren.

Fresse, Mund. Einem eins in de Fresse hauen.

fressen. Red. „Det is'n jefundenet Fressen vor ihm."

Freßdeibel, Fresser.

Freßkober, Speisekorb, bes. bei Landpartieen.

Freßsack. „Bist du aber'n Freßsack!"

freuen. „Du frei' dir man!" (drohend.) „Na Mutter, du frei' dir man, wenn de ruffkommst, von Vatern!"

Freund und Jönner! (hochverehrter), Anrede. Wenn der Angeredete z. B. Lehmann heißt, sagt man auch: „Hochverehrter Freund und Lehmann!"

frisch. Red. „Det is lange frisch!" d. i. gut genug. Frisch auch für neu, rein; 'n frischer Seidel, 'n frischet Hemde.

frische Wurscht, warme Blut- und Leberwurst, giebts nur in den Wintermonaten, gewöhnlich Dienstags und Freitags. Der Schlächter setzt dann einen Stuhl mit einer weißen Schürze vor die Thür.

Fritze, Verkäufer (in Zusammensetzungen). Cijarrenfritze, Kuchenfritze, Seifenfritze u. s.

Frosch. Red. „Mach' man, sei keen Frosch!"

Frost. Einen uf'n Frost setzen, d. i. in Verlegenheit. Vgl. Proppen.

früher. Red. „Det war doch früher nich!" (So sagte ein Berliner, der zufällig im Dom war und sah, wie

auf den Prediger am Altar ge-
schossen wurde.) — „Da müssen Se
früher uffstehn" (scil. wenn Sie
mich anführen wollen).

Fuchsen, sich, sich ärgern.

Fuchskrete, schlauer kleiner Kerl.

Fuchtig, erbost, zornig.

Fufzehn, fufzig, für faufzehn
u. s. w. „Fufzehn!" rufen die
Maurer, wenn sie Feierabend machen.

Fufzigl (auch Siebzigl) rufen
die Straßenjungen einer Obstfrau
(Mutter Fufzijern) am Mu-
seum zu, von der die Sage geht, sie
habe ihren Leichnam für 50 Thaler
an die Anatomie verkauft.

Fuhrwerken, sich stark bewegen.

Fummel, altes Kleid; auch Frauenzimmer mit alten Kleidern. Fum-
melig, lumpig.

Fund, Pfund. 'n Fund ist ein
halbes Quart Schnaps. Fund-
pulle, die soviel hält.

Funzel, alte Oellampe. Auch
Thranfunzel.

Furcht. Red. „Furcht hat er, aber
keene Besserung!"

Furchtbar, sehr. „Er hat sich
furchtbar jefreut". S. auch Feodor.

Fußlappen, Weißkohl.

Futsch (ital. fuggito), weg. „Det
Jeld is futsch". Red. „Futsch un
weg is Eens!" (Zusatz: „Un Wieder-
sehn macht Freude").

Futschikato perdutto oder
futsch perdü, verloren, futsch.

Futterage, Eßwaaren.

Futterluke, Mund.

Fuzel, Federchen (auf dem Rock
u. ä.). Fuzelig. Sich den
Mund fuzelig reden.

G.

Gandarmerie, Gedärme. Die
janze Gandarmerie.

Gel (das frz. Je). „Wer spielt
aus?" — „Je!" oder „Moi je!"

Geniren. Red. „Det genirt 'n
jroßen Jeist nich — un 'n kleenen
jeht's nischt an!" — S. auch
Schenirt.

Gingderattata, Schellenbaum
bei der Regimentsmusik.

Gum. „Er is in Gum" d. i. angetrunken.

(Die übrigen Wörter mit G siehe unter J.)

H.

Haare. Red. „Der frißt mir de
Haare von'n Kopp." — „Der hat
Haare uf de Zähne" d. i. er ist
schlau und nicht auf den Mund ge-
fallen. — „Drei Haare in sieben
Reihen!" (von einem dünnen
Schnurrbart.)

Haarig. 1) Der haarije Mann,
auf dem Weihnachtsmarkt zu kaufen.
2) toll, verwegen. „'n haarijer
Kerl!" 3) Adverb, sehr. „Wir
war'n alle haarig besoffen."

Haben. Red. „Hat sich wat!"
wie Is nich! — „Hat sich wat
zu frühstücken!" (wenn Nichts da
ist.) „Hat ihm schon!" d. i. die
Sache ist schon gemacht. „Wer nich
will, der hat schon!" — „Ick weeß
nich, wat de immer hast!" — „Man
hat es ja, es is ja da!" (aus „Der
Aktienbudiker" von Kalisch.)

Haben, sich, sich zieren, ängstlich
thun. „Jott, hab' dir man nich!"
„Hat der sich!" Hier kommen auch
Formen vor wie „du habst dir,
er habt sich."

Haben. Von haben giebt es selt-
same Zusammenziehungen; z. B.
„Det haak ihn schon lange ver-
sprochen". — „ck ha's dir doch jesagt!" — „Haaks dir nich jleich
jesagt?" — Part. jehatt.

Haber. „Et jibt langen Haber"
'd. i. Prügel.

Haberig, von Einem, der sich hat.
„Mama is sonst nich haberig, aber
wenn se 'ne Spinne sieht —!"

Hacken. 1) Ferse. 2) Stiefelabsatz.
Sich de Hacken abloofen
(vor Geschäftigkeit).

Hacken, sich befinden. „Wo is denn
Schulze jeblieben? — Hier hackt er!"

Hacken bleiben, festkleben, festsitzen.

Hackepacke, wie Huckepacke.

Hackuf, Käseabfall (auch Hackup).

Hälfte für halb. De hälften Leute.
De hälfte Belle-Etage. — Um Weihnachten 1878 stand an einem Schau-
fenster in der Prinzenstraße: „Regen-
und Sonnenschirme werden von heute
ab zu den hälften Preis
verkauft."

Hängen, wie Hacken. „Hier hängt
er" d. i. hier ist er.

Hängsel, Schleife am Rock (zum
Aufhängen).

Hätscheln und tätscheln, zärtlich pflegen.

Häuflen. Red. „Er sitzt da wie'n
Häuflen (Klump) Unjlück."

Häupter, der, Anführer, Leiter.
Der Häupter vons Janze.

Hahn. Red. „Nur nich ängstlich,
sprach der Hahn zum Rejenwurm"
(u. s. w.). — Kinderscherz: „Du
kannst doch nich nachsagen, was ich
dir vorsage! Sage mal: Der Hahn,
der Hahn, un die Henne!" (Die
Lösung ist die, daß nur die ersten
vier Wörter nachgesprochen werden
dürfen).

Haken, sich, sich zanken.

Halb. Red. „Halb sind wir einig —
ick will."

Halbe Ewigkeit. „Det dauert ja

'ne halbe Ewigkeit, bis der wieder-
kommt!"

Hals. „Er hat se am Halse" d. i.
er ist mit ihr verlobt. „Ick ärjere
mir noch de Schwindsucht an Halse".
— „Die Jeschichte wächst mir zum
Halse raus". — „Det kann doch 'n
Hals nich kosten!"

Halsabschneider, Wucherer.

Halweje, halbwegs, ziemlich. „Wie
jeht's denn?" — „Na so halweje."

Hamburjer Müllkasten. Red.
(ziemlich veraltet) „Det is 'n Witz
aus'n Hamburjer Müllkasten."

Hambutte, Hagebutte.

Hammelbeene. Red. „Den wolln
wir bei de Hammelbeene kriejen!"
(Drohung).

Handschen, Handschuhe.

Handschuster, Handschuhmacher.

Handtuch, schmales, hohes
schmales Haus. Vgl. Laterne.

Hanebüchen, derb, grob.

Hanne, Schwächling. Aehnlich
Hannefatzke (s. Fatzke). Hannefatzke Domino u. s. w., Hanne-
pampe, Hannepiepe. Hanne
mit'n Juß!

Hapern, stocken.

Happen, Bissen. Dimin. Häps-
ken. Eenen de Happen in'n
Mund zählen, gierig zusehen,
wenn Jemand ißt. — Verstärkt:

Happenpappen, großer Bissen.
'n oruttlicher Happenpappen!

Happig, stark, viel; z. B. „Er hat
dausend Dahler verloren". Antwort:
„Det is happig".

Harke. Red. „Ick wer' dir zeijen,
wat 'ne Harke is" (drohend).

Hart. Red. „Hart, aber jerecht!"

Hase. Red. „Mein Name is Hase,
ich weiß von janichts (un kann
meine Aussage beschwören!)" —
Mein Haseken, Kosewort.

Hasenjagd. „Det is de reene Hasenjagd" d. i. es geht zu haftig.

Haste nich jesehn! zur Bezeichnung der Schnelligkeit. „Det jing haste nich jesehn!"

Hauen, prügeln. — „Haut ihm!"

Haupthahn. „Er is 'n Haupthahn bei die Jeschichte" d. i. einer der Thätigsten.

Hauptkerl. Red. „Du bist 'n Hauptkerl!" (d. i. Schlaukopf, ironisch).

Hauptmucker, Anführer, Macher.

Hauptspaß, großer Spaß.

Hausknecht. Red. „Jib dein' Hausknecht acht Jroschen un mach dir de Arbeet alleene!"

Hausknochen. 1) Hausknecht. 2) Hausschlüssel.

Hausmöbel (so'n olles), alter Diener u. ä., Factotum, Inventarium.

Heben, einen, trinken (Schnaps).

Hebestelle, Bierlokal an der Landstraße.

Hebräisch. „Meine Uhr lernt hebräisch" d. i. fie ist versetzt.

Hechde, Höhe.

Hecht. 1) Tabacksqualm im Zimmer. „Hier is 'n Hecht — nich zum durchhauen!" Auch: „Da kann man ja nich mit'n Säbel durchhauen" oder „den kann man ja in Scheiben schneiden." 2) 'n netter Hecht, von Menschen (wie Heft).

Hechtsuppe. Red. „Et zieht wie Hechtsuppe" (vom Luftzug).

Heeßen, heißen. Part. auch jehießen. Red. „Heeßen heißt et nich, heißen heeßt et". — „Det heeßt —" (Anfang einer Auseinandersetzung.)

Heft. „'n nettet Heft!" (ironisch von einem Menschen, wie „'ne nette Flanzel!")

Heiden-, verstärkender Zusatz:

Heidenblödsinn, Heidenjeld, Heidenulk u. ä.

Heidi jehn, verloren gehn.

Helfen. „Warte, dir wer ick helfen!" (drohend.)

Helle, hell, klug. 'n heller Junge.

Hellicht, hell. Am hellichten Dage (auch am hellerlichten Dage).

Helling, Art Semmel.

Hellisch, höllisch, für sehr.

Hemde. „Der hat keen Hemde an!" sagt ein Junge höhnisch zum andern und weist mit dem Finger auf ihn. Wenn der andere entrüstet den Nachweis führt, daß er doch ein Hemde hat, so sagt der kleine Spötter, er habe ja seinen Zeigefinger gemeint. — „Wo is denn Franz?" — „In't Hemde!"

Hemdenmatz, Hosenmatz, von Kindern.

Hering. Mager wie 'n ausjenomm'ner Hering. — 'n wahnsinnijer Hering (von Menschen).

Heringskopp, Ladendiener im Colonialgeschäft. Ebenso Heringsbändijer.

Herr Je! — Ach Herr Je Herr Je! — Ach Herr Jemine! — Ach Herr Jemersch nee! (eig. sächsisch.)

Herrchen nennt sich der Hundebesitzer. „Komm bei Herrchen!" Ebenso Frauchen.

Herrn. Grußformel: „Morjen, die Herrn!" „Mahlzeit, die Herrn!" — „Deine Herrn Eltern."

Hetze, Menge.

Heuochse, Heuferd, Schimpfwörter.

Heuwagen. Red. „Da kann ooch 'n Heuwagen rinfahren" (wenn Jemand gähnt).

Hieb, kleiner Rausch.

Hier. Red. „Sie sind wol nich von hier?" d. i. wohl nicht gescheit (scil. wie man in Berlin ist).

Hierso, hier. Besonders als Antwort auf die Frage: „Wo thut's dir denn weh?" — Daso, da.

Hinschlagen. Red. „Da schlag' Eener lang hin!" (vor Staunen).

Hinspucken. Red. „Wo man hinspuckt, 'n — (z. B. Soldat)".

Hinter für nach hinten. „Wir ziehn hinter."

Hinterbliebnen. Red. „Det is traurig vor de Hinterbliebnen."

Hinterher. „Er is furchtbar hinterher" d. i. sehr eifrig.

Hippeln, hüpfen.

Hitze. Red. „Hast wol Hitze?" d. i. bist wohl verrückt?

Hoch. Red. „Det hat wol nich hoch jelejen?" (wenn Jemand etwas Hübsches zeigt, aber den Argwohn erweckt, daß es gestohlen sei).

Hoch nehmen, betrügen.

Hochnesig, stolz.

Hökersche. 'ne Hökersche, Obstfrau. Aehnlich 'ne Bauersche.

Hören Se mal. Red. „Zu den muß man „Hören Se mal" sagen" d. i. das ist ein eingebildeter, empfindlicher Mensch.

Hohnepiepeln, verspotten. Ebenso **Hohniejeln** und **Hohniepeln.**

Holterdipolter (Hullerdebuller), Bezeichnung eines polternden Geräusches.

Hoppenstange, langer Mensch.

Hoppheichen (auch Hoppheiken), Sachen; z. B. von Jemand, der abreist: „Er nimmt seine janzen Hoppheiken mit."

Hops jehn, sterben.

Hopsa. Red. „Hopsa is keen Walzer!" (Wenn Jemand stolpert).

Hopsen, auf einem Bein hüpfen, z. B. beim Schafskopp.

Horchen für hören. „Horch mal zu, ick will dir wat sagen".

Horrjott! Herr Gott.

Hosenknopp. Red. „Du bist 'n starken Mann sein Hosenknopp" (zu Einem, der sich aufspielt).

Hottehü (Hotteferd), Kinderwort für Pferd. **Hottehüfleesch**, Pferdefleisch.

Hotzdonnerwetter! Auch **Kotzdonnerwetter!**

Hubel, Hobel. „Du kannst mir 'n Hubel ausblasen!" (Ausdruck der Verachtung). **Hubelspene.**

Hucke, Rücken; nur in den Redensarten: Sich de Hucke voll lachen und Einem de Hucke voll lügen.

Hucker, Höcker. **Huckerig.**

Hucken, hocken. **Huckezeck**, Kinderspiel.

Hübsch, für sehr, recht. Hübsch jroß. Hübsch artig. „Bleiben Se hübsch jesund!" — für gut: „Schmeckt hübsch". Vgl. Schön.

Hühnerooge. Red. (wenn Einem Jemand auf den Fuß tritt) „Du hast mir mein bestet Hühnerooge abjetreten!"

Hujappen (auch Hujanen), gähnen.

Hujo, Hugo. Red. „Hujo, wie tief bist du jesunken!" — Hugo auch scherzhaft für haut-goût.

Hulahner, Ulan.

Humpeln, hinken.

Hund. Ufn Hund kommen, herunterkommen. Red. „Det jönn' ick keenen Hund". — „Ick friere hier wie'n junger Hund". — „Wenn de Hunde dick sind, friert se!"

d. i. nach dem Essen ist man faul.
— „Er is bekannt wie'n bunter
Hund". — „Et jibt mehr bunte
Hunde". — „Et is um junge Hunde
zu kriejen". — „Det konnte 'n Hund
jammern" (etwa: so schlecht wurde
im Theater gespielt). — „Nur
für Hunde" (Zauninschrift). —
„Schimpfen Se doch nich jleich
schieler (krummer, lahmer) Hund!"
— „Ick jehe aus, un wenn et junge
Hunde rejent!" — „Kommen wir
über'n Hund, kommen wir über'n
Schwanz!" d. i. Wenn wir erst soweit sind, werden wir schon fertig
werden. — „Hund vor'n Iroschen!"
(scherzhaftes Schimpfwort.)

Hundefrölen, Hundeliebhaberin.

Hundekälte, starke Kälte.

Hundeleben, elendes Leben.

Hundestall. Red. „Hier is et kalt
wie in' Hundestall!"

Hundetürkei, Gegend des Wedding.

Hundewetter, d. i. ein Wetter,
bei dem man keinen Hund hinausjagt.

Hundezucht, Unordnung; unange-
nehme Sache.

Hundsloden, auch Hundslohn,
Schelte, Vorwürfe.

Hurrah die Enten! Red.
(wenn etwas lange Erwartetes endlich kommt.)

Hurrjott, Herr Gott! Red. „Hurrjott, sind wir verjnügt — un haben't
janich nöthig!"

Husten. Red. „Ick wer dir wat
husten (auch pusten)! (Abweisung
einer Zumuthung).

Huststange (spr. Huhstange), Zucker-
stange für Kinder.

Hatsche (auch Hitsche), Fußbank.

Hut. „Det is jetzt den sein Freund".
Antwort (ironisch): „Na, den kann
er sich an 'n Hut stecken!"

Hutschnur. Red. „Det jeht (mir
denn doch) über de Hutschnur!"

Hutt für Hut in der Red. „Immer
mit 'n Hutt!" d. i. immer fein.
(Entstanden zwischen 1844 und 46).

I.

I man nich! d. i. das ist nicht
möglich. I wo!

Ick, ich. Red. „Erst komm' ick.
Denn komm' ick noch mal. Denn
kommt 'ne janze Weile janischt,
und denn kommst du noch lange
nich!" — „Ick nich — wer noch?"
als Antwort.

Idee. Red. „Keene Idee von Klab-
berjas!" (der jüd. Name eines
Kartenspiels) d. i. er versteht nichts
davon.

Ijel, Igel (d. i. Egel). Red. „Der
sanft wie'n Ijel".

Ikelei, auch Ikelbotze, kleiner
Spreefisch (Uekeleye).

Illuminirt, betrunken.

Immerzu, fortwährend. „Immerzu un alle Dage" (Abweisung
einer negativen Behauptung: „Det
kannste doch nich heben!" — „Immerzu un alle Dage!")

In eens weg, ohne Unter-
brechung.

In sich haben. „Det hat's in
sich!" d. i. es ist schwierig.

Inaasen, beschmutzen.

Inballern, stark heizen.

Inbrocken, sich wat, sich in
üble Lage bringen.

Indevidebnm (Individium),
Individuum.

Infall. S. Einfall.

Infallen. „Det fällt mir janich
in!" „Fällt mir janich in Traum in!"

Infamia, schlechte Cigarre.

Infamigt, niederträchtig.

Inhaken, unterfassen.

Inhauen, stark zulangen, beim Essen.

Inholen, auf dem Markt einkaufen.

Injenommen. Red. „Sie haben wol zum Reden injenommen?"

Injeschonken, eingeschenkt.

Inkacheln, einheizen.

Inkriejen. 1) einholen. 2) von der Medicin bei Kranken. „Wat hat er'n injekriegt?"

Inlochen, einsperren.

Inmummeln, einhüllen.

Inpacken, das Geschäft schließen.— „Nu packen Se man in!" d. i. hören sie auf. — „Se hat sehr injepackt" d. i. sie ist schwach geworden.

Inpökeln, einsegnen.

Inpummeln, wie inmummeln.

Inrammeln, einrammen.

Insauen, beschmutzen.

Inschrumpeln, einschrumpfen.

Inschustern, bankerott werden.

Inseefen. 1) betrügen. 2) auf Verabredung betrunken machen.

Inspunnen, einsperren.

Instippen, eintunken.

Intreiben. 1) einschüchtern. 2) (den Hut) antreiben. S. d.

Intus. „Ick habe schon sechs Seidel intus."

Inweihen heißt die Sitte, nach der die älteren Schüler einer Klasse die neuverfetzten zur Weihe verhauen. — Seinen Hut inweihen (auch inweichen), zum ersten Mal aufsetzen oder naß werden lassen.

Inwickeln, betrügen.

Irjendwo. „Sie muß ick doch schon irjendwo jesehn haben?" — „Ja - da komm' ick zuweilen hin!"

Irretiren, beirren.

Is nich. Red. „Wat Sie sich denken, is nich!" — „Is det noch nischt?" „Det is wol noch nischt?"

Italienklot (auch Caljenklot), Zeug zum Unterfutter. Schneiderausdruck (nach dem engl. italian-cloth).

Italienzblatt, Intelligenzblatt.

Izen, stehlen.

J (j).

(Dieser Buchstabe enthält auch alle die Wörter, die im Hochdeutschen mit G anfangen.)

Ja wolloch (ja wol doch) bedeutet: „Das ist nicht der Fall" oder „das fällt mir nicht ein".

Jachern, wild spielen (von Kindern).

Jacke. Red. „Det is 'ne alte Jacke" (alte Geschichte). — Aus de Jacke jehn, d. i. aus der Haut fahren. — „Det is Jacke wie Hose" d. i. Eins wie's Andere. — Einem de Jacke auskloppen, ihn durchprügeln.

Jackenfett, Prügel. S. auch Semmel.

Jänsewein, Wasser.

Jammerholz, Guitarre, verstimmtes Clavier.

Jammerjestell, elend aussehender Mensch.

Jammerlappen, schwacher, feiger Mensch.

Jammerschade, sehr schade.

Jampeln, begierig sein.

Jang. In Jange bringen; et is nich in Jange, d. i. nicht im Betrieb. „Dir wer' ick uf'n Jang bringen!" d. i. zur Ordnung. Vgl. Drab.

Janischt. Red. „Det is janischt Kleenes!" (Zusatz: wenn 'n jroßer Ochse in' Dreck fällt.) — „Ick sage janischt!" d. i. ich übernehme keine Verantwortung. — „Keen Janischt" bei Aufzählungen, z. B.

„Aber ooch Nischt is da, keen
Salz, keen Feffer, keen Janicht!"
Jans. Red. (scherzhafte Häufung des
J für G) „Eine jut jebratne Jans
is eine jute Jabe Jottes."
Janz, ganz. De janzen Leute
für alle Leute. Janz adjectivisch
statt adverbial: 'n janzer jro-
ber Kerl; 'ne janze ver-
fluchte Jeschichte. Janze
Stiebel, d. i. nicht zerrissene.
„Er hat keen janzet Hemde mehr."
Japsen, athmen, schnappen. „Ick
kann nich mehr japsen."
Jarschtijes (d.i.garstisches) Fieber.
Jas, der, z. B. „Stich doch den
Jas an".
Jaulen, schreien.
Jaunern, sparen.
Jeaicht. Red. „Er is druf jeaicht"
d. i. er versteht es sehr gut.
Jebad't. „Er war so naß wie'ne
jebadte Katze."
Jeben. „Jib dir man!" d. i. be-
ruhige dich. „Det sich det man
jibt!" d. i. die Enttäuschung wird
bald kommen. — Beim Kartenspiel:
„Wer jibt'n?" Antwort: „Immer
wer frägt." — „Wat jeben Se drum,
wenn Se den nich jemacht hätten?"
(nach einem schlechten Witz.)
Jeblaßmeiert. S. jelackmeiert.
Jeck, Spaß. „Nu Jeck!"
Jecken, sich eens, sich freuen,
besonders von Schadenfreude.
Jedanke. Red. „Mein erster Jedanke war Donnerwetter! — mein
zweiter rc."
Jeder. Red. „Det kann Jeder
sagen!" — „Da könnte 'n Jeder
kommen!"
Jedrang, Gedränge.
Jeduld. Red. „Jeduld, Vernunft
und Sauerkrant (oder Haferjrütze)."

Jefährlich in besonderer Anwendung. „Du schreist ja jefährlich!" —
„Det is ja janz wat Jefährlichet!"
— Sich jefährlich haben,
d. i. sich zieren.
Jefälle. „Du hast 'n jutet Jefälle", wenn Einer viel auf einmal trinkt.
Jefällig. Red. „Da is wat jefällig" d. i. da geht viel vor.
Jefallen. Red. „Det brauch' ick
mir nich zu jefallen zu jelassen".
Jeheimrathsviertel, Stadt-
theil vor dem Potsdamer Thor.
Jeheimrathsjöre, Sohn
eines höheren Beamten. Jeheim-
rathskneipe, Weißbierkneipe
von Päpke, Jerusalemerstraße 8.
Jehn. „Dette jehst!" d. i. mach daß
du fortkommst. — „Det hat ja rasch
jejangen." — „Die Brücke jeht nich
ufzujiehn (oder zum Ufziehn)."
„Jeht'n der Rock noch auszubessern?"
— Red. „Et jinge wol, aber es jetzt
nich." — „Da jeht er hin un singt
nich mehr!" — „Sie jeht mit ihn"
d. i. sie hat ein Verhältniß mit
ihm.
Jehören. Red. „Det jehört sich
nich" d. i. schickt sich nicht. — „Det
jehörte ihn" d. i. das war ihm recht.
Jehörig, janz jehörig, stark,
sehr.
Jeist. „Wat is 'n det vor'n Jeist?"
von einem neu eintretenden unbekann-
ten Menschen. — S. auch Geniren.
Jeistlich. „Er sieht so jeistlich aus"
d.i.blaß. Auch vom Kaffee gebraucht.
Jeizhammel, Geizhals. Ebenso
Jeizkragen.
Jejen wen denn? Frage, wenn
man hört, daß sich Jemand verlobt hat.

Jejend. Red. „O och 'ne schöne Jejend!" (G. W. 157.) — Von seiner
sandigen Umgebung sagt der Berliner stolz: „Jejend, lauter Jejend,
nischt wie Jejend!" — „'ne nette
Jejend!" auch ironisch von schlechter
Gesellschaft.

Jejenliebe. „Da wirste keene Jejenliebe finden" d. i. du wirst abgewiesen werden.

Jejenseitigkeit. Red. „Det be-
ruht uf Jejenseitigkeit."

Jejenstand. Red. „Det is keen
Jejenstand" d. i. das ist nicht theuer.

Jejessen. Scherzhafte Umkehrung
beim Verlassen einer Kneipe: „Wir
haben doch Allens jejessen, wat wir
bezahlt haben?"

Jejönnt. Red. „Det haben Se mir
wol nich jejömt?" (sagt Einer, der
beim Essen einen Bissen fallen läßt).

Jejröhle, Geschrei, Gesang.

Jeklatscht. „Da war er jeklatscht"
d. i. aufs Maul geschlagen.

Jeklöhne, Gejammer.

Jekratzt, geschmeichelt. „Er fühlt
sich sehr jekratzt".

Jelackmeiert, angeführt. Ebenso
jemeiert, lackirt, jeblaßmeiert.

Jeladen. „Er hat schwer jeladen
(schief jeladen)" d. i. er ist betrunken.

Jeld. „Vor Jeld un jute Worte".

Jelejen. Hat mal bei — jelejen, zur Bezeichnung des Un-
echten; z. B. „Det soll Jold sind?
Hat mal bei Jold jelejen!"

Jeloofe, kaufen. Oft, wenn Jemand einen zu kleinen Einkauf
machen will: „Hol' doch man jleich
vor'n janzen Dreier, damit det
Jeloofe nich immer is!"

Jelungen. 'n jelungner
Kerll d. i. ein merkwürdiger
Mensch.

Jemein (jemeene), egoistisch,
nicht coulant, ungefällig. „Det is
'ne Jemeinheit". — Jrundje-
mein. Hundsjemein.

Jemeinerei, Gemeinheit.

Jemischt, ordinär. „Die Jesellschaft is mir zu jemischt." — „Du
machst die Jesellschaft jemischt."
Auch zu einem Einzelnen: „Sie
wer'n doch aber ooch zu jemischt."

Jemlich, weichlich, von Speisen.

Jemüthe. 1) Sich eenen zu
Jemüthe führn, d. i. trinken.
2) Sich etwas zu Jemüthe
ziehen. 1) verrückt werden. 2) stehlen.

Jenau, knauserig. „Er is ekllig
jenau." Red. „Det is nischt Je-
naues" d. i. nicht so, wie es sein soll.
— „Is det 't Jenauste?" d. i. der
billigste Preis?

Jenehmijen (einen), trinken.

Jenudelt, ganz satt. „Wie jenudelt."

Jenung, genug.

Jequatsche, albernes Gerede.

Jequazel, unnützes Gerede.

Jerammelt voll.

Jerben, sich erbrechen (wie kotzen).
„Er kotzt wie 'ne Jerbertele (auch
wie 'ne Jerbertiene)."

Jerecht. Red. „Jerechter Strohsack!"

Jerettigt, gerettet.

Jerichtshof. „Herr Jerichtshof!"
(Anrede an den Richter.) Auch
„Herr Criminal!"

Jerieben, schlau.

Jeringst. „In Jeringsten janich",
nicht im Geringsten.

Jerissen, schlau.

Jerne. Red. „Nich mehr wie jerne!"
— Wenn Einem auf den Fuß ge-
treten wird und der Thäter sagt:
„Entschuldijen Sie!" so wird erwidert: „Bitte sehr, war jerne je-
schehn".

3

Jerührt. Red. „Na fein Se jerührt!" d. i. beruhigen Sie fich.

Jerüfte. Red. „Fall' man nich von't
Jerüfte!" d. i. komm nicht aus
dem Tert.

Jefabber, Gefchwätz.

Jefangbuch. 1) Spiel Karten. 2)
Butterbrot (Klappftulle).

Jefchlagen für voll: „Ick habe
'ne jefchlagene halbe Stunde je-
wartt."

Jefchmack. Plur. Jefchmäcker.
„Die Jefchmäcker find verfchieden".

Jefchmadder, fchlechte, unfaubere
Schrift.

Jefchmiert. Red. „Det jeht wie
jefchmiert" d. i. fehr gut.

Jefchrei. Red. „Viel Jefchrei un
wenig Wolle!" (vom Wollmarkt.)

Jefchwindigkeit. Red. „Mit
'ne Jefchwindigkeit von 0,5" (wohl
eig. ftudentifch).

Jefchwollen, geldftolz.

Jefichte. Ruf (um einen Unbe-
kannten aufmerkfam zu machen):
„Sie da mits Jefichte!" — Sich
eene (scil. Cigarre) ins Jefichte
(Lakal, Phifionomie, Difage) ftechen
(flanzen). — „Kann ick Ihnen vielleicht mit'n Ziehjarrn int Jefichte
fpringen?"

Jeftern. Red. „Bift wol von jeftern?"
(wie „nich von hier").

Jeftohlen. Red. „Der kann mir
jeftohlen bleiben!" d. i. er ift mir
gleichgültig, verächtlich.

Jefum. Red. „Der wird ooch noch
mal Jefum Chriftum erkennen!"
d. i. er wird in Noth gerathen.

Jetraatfch (Jeträtfch), unnützes Gerede.

Jevatter. „Meine Uhr fteht Jevatter" d. i. fie ift verfetzt.

Jewafchen. „Du krift 'ne Ohrfeige,
die fich jewafchen hat!"

Jewefen. Red. „Nachher will's
keiner jewefen find" (fagt man z. B.
Kindern bei einem halsbrechenden
Spiel. — „Wenn fich Einer 'n
Bein bricht — nachher will's keiner
jewefen find!")

Jewieft (auch jewiegt), fchlau.
„'n jewiefter Junge."

Jewiß. Red. „Was Jewiffes weiß
man nich".

Jewogen. Red. „Bleiben Se mir
jewogen!" d. i. laffen Sie mich
künftig in Ruhe.

Jewohne, auch jewohnde, ge-
wöhnt. „Det bin ick fchonft jewohnde".

Jewöhniglich, gewöhnlich.

Jibbeln. 1) unterdrückt lachen. 2)
wie jiepern.

Jiepern, gierig fein. „Haft wol
'n Jieperbillet?" (wenn Jemand
gierig zufieht, wie Einer ißt). Jie-
perig, gierig.

Jierpanfch, gieriger Effer. Ebenfo
Jierfchlung.

Jießen. 1) regnen. 2) für be-
gießen in Blumen jießen.

Jift für Schnaps. „Nun mits
Jift!" — „Det fchmeckt wie Jift
un Jalle."

Jiften, fich, fich ärgern.

Jiftnudel, fchlechte Cigarre.

Jlanzpelle, dünne Sommerjacke
von Mixed-Lüftre.

Jlas. Red. „Du bift wol von Jlas?"
d. i. dich darf man wohl nicht fcharf
anfaffen?

Jlafer. Red. „Is denn Ihr Vater
Jlafer?" fragt man, wenn Jemand
im Lichte fteht.

Jlauben. Red. „Wers jlaubt, jibt
acht Jrofchen". S. auch Selig.

Jleich. Red. „Et muß ja nich jleich
find (et hat ja noch Zeit)!"

Jleichjültige Ecke. S. Pomade.

Jlibber, Gelée.

Jlibberig, glatt, zum Ausgleiten.

Jlied. Red. „Det hat ihn lange in de Jlieder jelejen" (von einer Krankheit).

Jlimmstengel, Cigarre.

Jlinik, das, Klinik in der Ziegelstraße. „Ick war int Jlinik".

Jlitschen, gleiten.

Jlitschig, glatt. Jlibberig von Schmutz oder Nässe, jlitschig vom Glatteis.

Jlotzen, Jlotzoogen, große Augen.

Jlück. Red. „Da wirste keen Jlück mit haben" d. i. das wird dir nicht gelingen.

Jlupen, stieren.

Jlupsch. 1) von unten auf, böse ansehend. 2) grob. „Der is immer jleich so jlupsch".

Jnaden. Red. „Denn jnade dir Jott!"

Jnarren, weinen, unartig sein. Jnarrig.

Jnatzen, in ähnlichem Sinne. Jnatzig. Jnatzkopp. Ebenso

Jnauen. Jnauig.

Jnauzen, weinen.

Jneddern, ärgerlich sein. Jneddrig.

Jnietsche. „Olle Jnietsche!" (egoistischer Mensch.) Ebenso: Jnietschkatze, Jnietschkragen, Jnietschpeter. — Jnietschig, geizig.

Jnitzen, Mücken.

Jo, ja. „Jo nich!" „Man jo nich!" „Jo nich sehn!"

Jocus, wie Jux. (S. d.) „Wir haben unsern Jocus mit ihm jehatt."

Jören, Kinder.

Johlen, wie Jaulen.

Joldleiste, ganz schmaler, langer Sechserkuhkäse.

Jondeln, gehen, auf dem Wasser fahren. Losjondeln, abgehen.

Joppewahrel (auch Hoppewahrel) für Gott bewahre!

Josse, Rinne. In ganz Deutschland nennt man die Straßenrinnsteine Gossen, die Rinnen an den Häusern Rinnen. Der Berliner macht es umgekehrt.

Jott, Gott. „Jotte doch!" „Ach Jotteken doch!" — „Jott Stambach!" — „Na Jott stärke!" „Nanu mach dir mit 'n lieben Jott bekannt!" d. i. dein Ende ist nahe. — „Det reene Wort Jottes" d. i. guter Schnaps. — „Et is noch viel von Jotts Wort zu reden!" d. i. darüber wäre noch viel zu sagen.

Jottsjämmerlich verhauen. „Mir is jottsjämmerlich zu Muthe".

Jottvoll, reizend. „Die Jeschichte is jottvoll".

Jrad. „Ick hab'n Jrad!" d. h. Hunger.

Jrade. Jradel Nu jrade Nu jrade nich! (wenn man Jemand, um ihn zu ärgern, nicht den Willen thun will).

Jradewohl, ufs, d. i. aufs gerathewohl.

Jramassen (Jremassen), Grimassen.

Jranseesch, französisch (nach dem Dorf Gransee).

Jransen, stark weinen.

Jrapschen, greifen.

Jras. Red. „Wo der hinhaut, wächst keen Jras."

Jraulen, sich, sich fürchten.

Jraulig, furchtsam (besonders im Dunkeln, vor Gespenstern). Einen jraulich machen. Doch auch eine jraulije Jejend, in der man sich fürchtet.

Jrejorjus, Chirurgus.

Jreschkens, Groschen. „Nu man immer raus mit de Jreschkens!"

Jriebe, ausgebratener Speck. Ausschlag am Munde. „Der hat Jrieben jenascht!" (von Jemand, der diesen Ausschlag hat.)

Jrien. S. Jrün.

Jrienen, grinsen, stereotyp lächeln. Jrienefiest, ein Mensch, der immer lächelt.

Jrips, Fassungskraft.

Jrölen, heulen, weinen; auch für Singen.

Jroschens, Groschen. Red. „Bist wol nich bei Jroschens?" d. i. bei Sinnen. — „Er is sehr uf de Jroschens" d. i. knauserig.

Jroßkooz, prahlerischer Mensch. „Jroßkooz von (kleen) Pankow!"

Jroßmogul, Einer, der prahlerisch die erste Rolle spielen will.

Jroßnesig, prahlerisch.

Jroßolle, Großmutter.

Jroßpraatschig, prahlerisch. Ebenso.

Jroßschnauz, jroßschnauzig, und

Jroßspurig.

Jrün (grün), dumm, unerfahren. 'n jrüner Junge.—Bei Mutter Jrün (schlafen) d. i. unter freiem Himmel. (Zusatz: dritter Boom, ölfter Zacken). — Der jrüne Wagen, Polizeiwagen zum Transport der Verbrecher. — De jrüne Neune, das frühere Thalia-, jetzt Residenztheater. — Jrüner Jäjer, Art Schnaps.

Jründerboule, Hazardspiel auf dem Billard, mit einem Würfel.

Jrüßen. Red. „Ick bitte zu jrüßen!" (Ausdruck des Erstaunens.)

Jrütze, Verstand.

Jrützkopp, Schafskopf.

Jrus (auch Jruz), Kohlenabfall. Kaffejruz, Grund.

Jruskopp, Quatschkopf.

Jubeljahr. „Alle Jubeljahr mal" d. i. sehr selten.

Juckeln, fahren.

Jude. Red. „Dor't Jewesene jibt der Jude nischt."

Judenhelm, eine Hutfaçon.

Jüdisches Gesandschaftshôtel, Reichenheims Haus neben dem Hôtel der russischen Botschaft.

Jünstig. — „is jünstig!" in letzter Zeit ebenso gebraucht wie „is jut." S. Jut 's.)

Jüte, Güte. Droschke erster Jüte d. i. erster Klasse. — Red. „J du meine Jüte!"

Jule, Julius und Julie.

Jumfer, (Jungfer). Red. „Wir sind ja unter uns Jumfern" (in einer Herrengesellschaft).

Junge. Plur. Jungs. Dimin. Jungeken oder Jüngeken (auch Jüngelken).

„Junge Frau!" rufen die Marktweiber jede Frau an. Daher der Scherz: „Junge Frau — sind Se nich de olle Müllern?"

Jungen, Junge werfen.

Junger Mann. „Unser junger Mann," vom Commis eines Geschäfts.

Jurke, Nase. — Red. „Saure Jurken sind ooch Compot!" — „Wat nimmt sich der Mensch vor 'ne Jurke raus!" d. i. was erlaubt sich der!

Jurkensalat. Red. „Wat versteht 'n der Bauer von Jurkensalat?"

Jußzwieback, Art Zwieback.

Jut, gut.

1) Der jute Rock. De jute Stube (auch Putzstube genannt). „Kommen Se rein in de jute Stube!" (G. W. 419.)

2) Zwee Jute (scil. Groschen) oder Zwee Kurant. Acht Jute oder Achte Kurant.

3) „ — is jut!" Eine eigen- thümliche ironische Kritik über auf- fallende Namen und Ausdrücke. Wenn z. B. einer der Segler am Eierhäuschen mit seemännischen Aus- drücken prunkt und etwa von „Back- bord" spricht, so sagt der unbe- fangene Berliner: „Backbord? — Backbord is jut!" — Oder: Vorge- stellt wird „Herr Egon Schultze!" — Berliner: „Sehr anjenehm!" — (für sich:) „Egon? — Egou is jut!"

4) Jut un jerne, wenigstens. Einem jut sein, d. i. ihn gern haben.

5) Red. „Na sein Se man wieder jut" d. i. seien Sie nicht böse. — „Na hörn Se mal — sein Se so jut —!" (wenn man aus Versehen gestoßen wird.) — „Wer weeß, wo- vor't jut is!" (bei einem Unglück). — „Der is jut — der kann so bleiben!" — „Laß man jut sin!" d. i. gieb nur nach. — „Da bin ick dir jut davor," d. i. dafür stehe ich dir. — „Det sieht jut aus nn kost' nischt." — „'t muß jut jehn, bis't beffer wird!" (auf die Frage: wie geht's?) — „Also is jut!" wird oft bei einer längeren Erzählung eingeschoben. — „Wie steht ihr'n zusammen?" — „Na blos so juten Dag un juten Weg!" — „Machen Se't jut!" d. i. leben Sie wohl.

Jux (lat. iocus). 1) Spaß. 2) Schmutz.
Juxig, schmutzig.

K.

Kabache, (poln.) niedriges, schlechtes Haus.

Kabbeln, sich zanken, streiten.
Kabbelei, Wortwechsel.
Kabólzschießen, einen Purzel- baum schlagen.
Kabruge, Gesellschaft.
Kabuse, Kammer.
Kader, Unterkinn.
Kadriljenschwenker, Frack.
Kaduck (caducus), hinfällig.
Käber, s. Keber.
Kälbern. 1) sich kindisch benehmen 2) wie Kotzen.
Kämpfen, sich, ringen. „Wir ha'm uns jekämpft."
Kätzchen, wie Schäfchen; Blüthen und junge Triebe von Weiden.
Kaff, Unsinn.
Käffe, Kaffee.
Kaffeklappe, Kaffeelokal.
Kaffer, 1) Lehrer. Schulausdruck. 2) Dummkopf.
Kahn, Arrest, Gefängniß. (eig. militärisch.) — Red. „Rin in Kahn!"
Kajolen (karriolen), jagen, eilen.
Kakeln, albern reden. Kakelei.
Kalasche, Prügel.
Kalch, Kalk.
Kaldaunen, Gedärme.
Kaldaunenschlucker, Cadett.
Kaleika, Spaß, Unsinn.
Kalitschke. „Dankend erhalten — Kalitschke." (Quittungsformel).
Kalitte, Kohlweißling (weißer Schmetterling). Blaue Kalitte, Schutzmann. — „Kalitte, Kalitte, setze dir!" rufen die Jungen, wenn sie dem Schmetterling nachlaufen.
Kalle, (jüd.), Braut.
Kalt. Red. „Kalt Blut — un warm anjezogen" — „Kalt Blut, Antou!"

Kaltstellen, Jemand sitzen lassen. Vgl. Versetzen.

Kameelojramm (olles), Schimpfwort. Schulausdruck.

Kanaljenvogel, Kanarienvogel.

Kanickel, Kaninchen. Untern Kanickel d. i. unter der Kritik. Red. „Kanickel hat anjefangen!" (G. W. 156.)

Kann. Red. „Der kann mir doch nischt!" (scil. anhaben).

Kann nich. Red. (wenn Jemand sich mit „Ich kann nicht" entschuldigt) — „Kann nich ligt uf'n Kirchhof!" — Vgl. Trauen.

Kanone. Unter der Kanone, unter aller Kanone (auch unter aller Kanalje), unter aller Kritik.

Kanonenstepsel, dicker Junge.

Kanten, Enden des Brotlaibes; auch das Letzte von einer Weiße.

Kanthaken. Jmd. bein Kanthaken kriejen, d. i. von hinten, beim Rockkragen fassen. Vergl. Binde, Krips, Schlafittchen.

Kantonist. 'n unsicherer Kantonist, d. i. ein unzuverlässiger Mensch.

Kaporus wie Kaput. S. d.

Kapút, entzwei; auch Adjectiv: 'n kaputtet Fenster. Ebenso

Kaputtig.

Karawine, Wasserflasche (carafe)

Karline, Schnapsflasche.

Karmenade, Carbonnade.

Karmoasinverjnügt. 1. karmoisinfarben. 2. vergnügt.

Kartenspiel. Red. (beim Ausspielen mit Bezug auf die Farben) „Pikas war'n Hühnerhund." „Pikus, 'n Hechtkopp." — „Karo war'n Hühnerhund" oder „Karauschen mit Maibutter!"—„Een Herz

hat Jedermann!" — „Trefflich schön singt unser Küster."

Karpenschnute, offener Mund mit vorgeschobenen Lippen.

Karrete, alter Wagen.

Karrunje, ungezogenes Kind.

Kartun, Kattun. (Kattun auch für à tout im Spiel).

Kasse. Red. „Det is aus de Kasse (auch Tasche) in de Beilage" d. i. es bleibt ja doch unter uns; z. B. wenn die Frau dem Manne etwas zum Geburtstag schenkt.

Kasten, wie Kahn. S. d.

Kastrolle, Kasserolle. Kastrollbursche, Köchin.

Katheder, der.

Kattoffel, dicke Taschenuhr.

Kattoffelbauch, dicker Bauch.

Kattoffelnese, dicke Nase.

Katzbaljen, sich, sich schlagen (zum Vergnügen). Katzbaljerei.

Katze. Red. „Det is vor de Katze" d. i. viel zu wenig. (G. W. 53). — „Det dragt die Katze uf'n Schwanz weg" — „Er macht'n Jesicht, wie de Katze, wenn't donnert." (auch: wie de Jänse.)

Katzendreckig, spitz im Reden.

Katzenkäse, Frucht einer Feldblume, die von Kindern gegessen wird.

Katzenkopp. Schlag an den Kopf.

Katzentreppe, von Kindern aus zwei Streifen Papier geknifftte Treppe.

Kaum! als Verneinung.

Keber, Käfer. Red. „Hast wol'n Keber? d. i. bist wohl verrückt? Daher

Kebern. „Kebert's dir?"

Kebs, Unsinn.

Keese. S. Kese.

Kegelspiel. Bezeichnung der Zahl der umgefallenen Kegel: 1. Stiel. 2. Hoho. 3. Schemmel. 4. Karree. 5. Bataljon. 6. Grenadier. —

Papa, König. Papa hat je-
heirath't, König und ein Kegel.
Herz (aus 'n Leibe), Mittel-
kegel. Gutloch (wenn die Kugel
durch die Mittelgasse geht). Sand-
hase, Ratze. 'ne Bleibe, Kugel, die zwischen dem äußersten Kegel und den nächsten beiden durch-
geht. — „Wieviel Holz?" („Noch
viel Holz!" auch sonst im Sinne
von: es bleibt noch viel zu thun).

Keilerei. Red. (wenn Jemand
von Weitem eine Prügelei sieht)
„Wat? — Keilerei ohne mir?" —
Keilerei un Jarten- (Tanz-)
verjnüjen.

Kellneer mit sehr langem e für
Kellner. Lang ist die Endsilbe er
nur nach l und n, wenn diesen noch
ein Consonant (Verdopplnngen ausgeschlossen)vorhergeht: Maler, Müller,
aber Tischler, Erkneer. Vgl. die
Dehnung bei den Rufen Kellneer
und Wächtaal.

Kennen. Red. „Da kennste mir
schlecht!" Vgl. Buchholz.

Kenntnisse. Red. „Da sitzt er nu
mit de Kenntnisse" d. i. er weiß
sich nicht zu helfen.

Kese, Käse. In de Kese fliejen, gründlich reinfallen. Kese
schneiden, Kinderausdruck für
eine störende Bewegung beim Wippen
(Schaukeln). Red. „Is bald jesagt,
vor 'n Sechser Kese, aber welche
Nummer?" d. i. die Sache ist nicht
so leicht wie sie aussieht.

Kesekasten. Auf die Frage: Wast'n?
Antwort: „Alter Kesekasten!"

Kesekopp, Dummkopf.

Kesemesser. 1) Taschenmesser.
2) Seitengewehr der Infanterie.

Kesepapier, schlechtes Papier.

Keulen. Red. „Un wenn et mit
Keulen rejent!"

Kiddeln, kitzeln. Vgl. Killen.

Kiebig (auch kiewig), derb,
tüchtig.

Kiefen, stehlen.

Kiekel, Küchlein. Kiekelkorb.
„Kiekel, kakel!" wie: Ach, rede
nicht länger!

Kieken, gucken. Kiekindewelt.
S. auch Luke.

Kieker. Uf'n Kieker haben,
beobachten.

Kiefs un Kaafs. Red. „Er
weeß von Kiefs un Kaafs nischt."

Kien. Red. „Det is der reene Kien
(ohne Blaak)" d. i. echt, schön. „Er
is uf'n Kien", „Er paßt furchtbar
uf'n Kien" d. i. er paßt sehr auf,
sieht auf die Finger.

Kienappel, Tannenzapfen.

Kiepe. 1) Tragkorb. 2) Hut; bes-
Strohkiepe.

Kies, Geld.

Kiesetig, wählerisch im Essen.

Kietern, auch Kieterbieteru,
tauschen; Schulausdruck.

Kiez (allgem. wendischer Name) in
Berlin: Lichtenberjer Kiez, Gegend
am Frankfurter Thor.

Kiffe, alter Frauenhut.

Killen, sanft kitzeln, z. B. ein Kind,
wobei man „Kille kille" sagt.

Kinder wie de' Bilder (ironi-
sches Lob).

Kinderfärje, große Stiefel.

Kinkerlitzken, Kleinigkeiten,
Nippsachen.

Kinne, die, das Kinn.

Kippe. Uf de Kippe stehn
von etwas, das leicht fallen kann;
auch übertragen von einer zweifel-
haften Entscheidung.

Kippen, kippeln, wackeln.
Eenen kippen, d. i. trinken
Kipplig, wacklig.
Kirche für Gottesdienst. „Wie ick
in' Dom kam, war jrade Kirche."
Kirre, zahm. Eenen kirre
kriejen.
Kirschkuchen. Red. „Ja Kirsch-
kuchen!" d. i bilde dir das nicht ein.
Kirschkuchenjesichte (abje-
knabbertet),pockennarbiges Gesicht.
Kitt. Der janze Kitt, d. i. Alles.
Kittnesig, hochmüthig.
Klabastern, mit Geräusch gehen.
Klackern, träufeln.
Kladderadatsch, zur Bezeichnung
eines Geräusches beim Fallen. —
Kladderadatschjesichte,
dickes Gesicht.
Klamm. 1) erfroren, von den Fingern.
2) „Er is klamm" d. i. er hat
kein Geld.
Klammer. Red. „Er sitzt wie de
Klammer uf de keine" (von einem
schlechten Reiter). Dasselbe sagen
die wohl weniger verbreiteten, schö-
nen Redensarten: „Er sitzt wie de
Sau uf'n Appelboom" und „Er sitzt
wie 'ne Feuerzange uf'n dollen
Hund." Die letztere soll vom alten
Dessauer stammen.
Klamotten, gebrauchte Ziegelsteine.
Klamottenbeene, krumme Beine
(zwischen die man einen Mauerstein
durchwerfen kann). S. auch Anjust.
Klappe, Bett.
Klapperkasten, Klavier.
Klappern. Mit de Oogen
klappern, Blicke werfen.
Klapprig, gebrechlich.
Klaps, leichter Schlag.
Klarren, klieren. Volljeklarrt
z. B. von Fensterscheiben.
Klasse. Red. „Na du wirst ooch

noch mal vierte Klasse fahren!" (zu
einem Uebermüthigen).
Klassisch. Red. „Det is klassisch!"
(merkwürdig).
Klater, gemeines Frauenzimmer.
Fabrikklater.
Klatrig, armselig.
Klatsche, verbotene Uebersetzung;
Schulausdruck.
Klatschenaß, ganz naß.
Klatthammel, dicker Schmutz am
Saum weiblicher Kleider.
Klax, Klex.
Klaue, Hand. „Er schreibt 'ne
scheene Klaue."
Klauen. 1) schreiben. 2) wühlen.
Klauweiße (auch Klauenweiße).
Wenn Jemand aus Versehen in die
gemeinschaftliche Weiße mit einem
Finger über den Rand greift (um
sie sich nahe zu ziehen), so stellt
er eine Strafweiße, wozu er durch
den Ruf „Klauweiße!" verurtheilt
wird.
Klavizimbel, Clavier.
Kleben, Einen eine (Ohrfeige).
Kleckern, sich (beim Essen) be-
schmutzen. Kleckerfritze.
Kleedage, Kleider.
Kleene, klein. Red. „Det kann ick
janich kleene kriejen" d. i. nicht be-
greifen. — „Den wirste wol nich
kleene kriejen" d. i. (mund-) todt
machen. — „Kleen, aber niedlich!"
(Couplet?) — „Kleen — aber oho!"
d. i. klein aber ruppig. — S. auch
Janisch.
Kleenjeld, kleine Münze.
Kleinigkeit.] Red. „In Kleinigkeiten immer ehrlich!"
Kleinjehauner Holzhändler,
scherzhaftes Participium. Aehnlich
lautete früher eine Inschrift am
Oranienburger Thor: Reitende

Artilleriekaserne. Nach der-
selben Art noch andere Scherze.
Klemme, Verlegenheit. In der
Klemme sitzen.
Klemmen, stehlen.
Klepper. Sechsklepper, Drei-
klepper ꝛc., Schulausdruck: Einer,
der in der sechsten (dritten) Klasse
sitzt.
Kletern (auch Klötern), unnütz
hin- und herlaufen.
Kletrig, wie Klatrig.
Klieren, schmieren (auch schreiben).
Klierig.
Klieter (auch Klüter). 1) Stück
feuchte Erde. 2) Kleine Mehlklöße
in der Suppe: Klietersuppe.
Klietern, mit Erde werfen.
Klietsch, nicht aufgegangenes Ge-
bäck. Klietschig.
Klimbim (stud.), Unsinn. „Mach
keenen Klimbim!"
Klimperjasse, Parochialstraße,
wegen der Singuhr (S. d.).
Klimperkasten, schlechtes Klavier.
Klimpern, schlecht und durchein-
ander auf dem Klavier spielen.
Klinge. Red. „Der schlägt 'ne jnte
Klinge" d. i. er ißt viel. Vgl. ein-
hauen.
Klippeklar, klipp un klar,
ganz klar.
Klippschule, Privat-Elementar-
schule. Klippschüler.
Klobig. 1) grob. 2) sehr: klobig
dumm.
Klönen, jammern, heulen.
Klöße. „Ohne de Klöße" d. i. ohne
die Nebenkosten. — „Wat jib's 'n
heute?" — „Kalte Klöße un warme
Nachtmützen!"
Kloppe, Schläge.
Kloßbrühe. Red. „Det is klar wie
Kloßbrühe."

Klotz, Plural Klötzer. Bau-
klötzer als Spielzeug. — 'n Klotz
Jeld, d. i. ein Haufe.
Klotzig, sehr; besonders: klotzig
theuer.
Klotzpantinen, Pantinen mit
dicken Holzsohlen.
Kluckern, vom Geräusch beim Aus-
gießen aus einer Flasche.
Kluft, Anzug.
Klugschmus. S. Schmusen.
Klump. In Klump fallen,
schmeißen. S. a. Häufken.
Klumpatsch, Unsinn. „Mach keenen
Klumpatsch!"
Kluntern, der untere Theil von
Frauenkleidern. De Kluntern
hochheben.
Knabbern, nagen. — Red. „Den
hab' ick wat zu knabbern jeben" d.
i. das wird ihm lange zu schaffen
machen.
Knacken, großes Stück Brot.
Knacken. „Det man Allens so
knackt!" d. i. mit Glanz, mit Er-
folg. — S. auch Schwade.
Knacksen, knacken.
Knallbriefe, Papier in Briefform
gefaltet, das aufgeblasen und dann
zerschlagen wird. Schulbelustigung.
Knallen mit der Peitsche, was
sonst in Deutschland Klatschen
heißt.
Knallerballer, schlechter Tabak.
Knallig, sehr
Knalljummi, gekautes gummi
elasticum, aus welchem die Kinder
Blasen drücken, die sie auf der
Hand zerschlagen.
Knallschote, Ohrfeige.
Knapp, kaum. „Knapp is er de
Dühre raus —"
Knappe, die seidene Quaste am
Ende einer Peitschenschnur.
Knapsen, sparen.

Knarre. 1) Uhr. 2) Gewehr. 3) Weihnachtsinstrument für Kinder.

Knaſt, oller, alter Mann.

Knauber für ſauber, ſchön. Schulausdruck.

Knauſerig, geizig.

Knautſchen (auch knutſchen), knittern. Knautſchig.

Knautſchenberjer, langweiliger, unangenehmer Menſch.

Knechſel, Knöchel.

Kneddern, knittern.

Kneftig, wie knuftig.

Kneipjee, Gaſtwirth.

Knerjel. Oller Knerjel, alter gebrechlicher Mann.

Knicker. 1) Geizhalz. 2) Schirm. Familienknicker, großer, altmodiſcher Schirm.

Knickſtiebel, alter gebrechlicher Herr.

Kniebel, ein Stück (Brot).

Kniebeln, 1) Schlecht ſtricken. 2) Brot ſchlecht ſchneiden.

Knief, Taſchenmeſſer. Keſeknief.

Kniffen, falten.

Knifflig, ſchwierig.

Knille, ſtark betrunken.

Knippern, (auch knüppern), binden.

Knipſen, ſcharf abſchneiden. Auch: ein Geräuſch machen wie z. B. die Zange beim Abkneifen. — Mit Papierkugeln knipſen (ſchießen), beſonders nach dem Lehrer.

Knobeln (ſtud.), würfeln.

Knobländer, Knoblauchswurſt. Ebenſo Knoblanten.

Knobloch, Knoblauch. Vergl. Schnittloch.

Knochen. 1) Frauenzimmer. 2) Red. „Det ligt mir ſchon lange in de Knochen" (z. B. eine Krankheit). „Nu numerir' dir man de Knochen!" (beim Beginn einer Holzerei). „Denn

kannſte deine Knochen in't Schnupptuch zu Hauſe dragen!" — „Laß dir man zuſammenfejen!"

Knochenfraß. „Der leib't an Knochenfraß" d. h. er hat nichts zu eſſen.

Knochentrocken, ſehr trocken.

Knöppe, Geld.

Knollig, ſehr; knollig theuer.

Knopp für Menſch; beſonders: komiſcher Knopp; 'n oller jemüthlicher Knopp. — Sich an de Knöppe abzählen (ob man etwas thun ſoll), wonach man mit den Worten „Nu jrade nich!" meiſt das Gegentheil des Orakelſpruchs thut.

Knoten. „Mach dir 'n Knoten in de Beene!" ſagt man Einem, der der ſich mit ſeinen langen Beinen nicht zu helfen weiß.

Knubbe. S. Derknubbe.

Knubbel, Höcker. Knubbelig, knotig.

Knubben, Knoten, Wurzel.

Knuddel, Knäul. Knuddeln, zuſammenballen.

Knüppeldicke voll.

Knüppel, Art Weißbrot.

Knuffen. 1) puffen. 2) ſchwer arbeiten. Knuffe, Püffe.

Knuftig, derb.

Knuspern, pouſſiren.

Knuſt. 1) Stück Brot, Kanten. 2) Haargeflecht der Frauen.

Knutſchen, wie abknutſchen.

Knug. 'n Knug kriejen, d. i. eine innere Verletzung.

Koddern (auch koddeln), kleine Wäſche waſchen. Kodderwäſche, Kragen, Chemiſetts ꝛc., was in der Küche gewaſchen wird.

Koddrig. 1) unpaſſend, frech, beſonders im Antworten. 'ne koddrije Schnauze. 2) übel. „Mir is ſo koddrig zu Muthe."

König. „Bei Königs."

Können. „Ick kann Jhnen sagen—".
„Sowat kann mir nu ärjern!" —
„Ne — det könnt' ick nich!" d. i.
so schlecht könnte ich nicht handeln.
Koffert, Koffer.
Kohl. 1) Red. „Det macht 'n Kohl
nich fett!" d. i. das ist zu wenig,
das schafft nicht. 2) Unsinn, Ge-
schwätz, Ulk. (G. W. 299). Koh-
len. Kohlig.
Kohlensaure (Jungfrau), Ver-
käuferin in den Trinkhallen, auch
Sodaliske genannt.
Kohlrüben Red. „Verstehn Se
nich Kohlrüben!" d. i. verstehn Sie
doch recht!
Kokeln, mit Licht oder Feuer spielen.
Komisch, oft für sonderbar, auffallend. 'n komisches Benehmen. „Darin bin ich komisch."
(G. W. 158). — „Die Menschen sind
eben zu komische Leute", früher ste-
hender Refrain des Nunne im „Ulk".
Kommen. 1) Kosten. „Wie hoch
kommt'n das? Das kommt drei
Mark, das kommt theuer." 2) Ei-
nem dumm kommen, d. i. be-
leidigend werden. „Sie denken wol
Sie können mir dumm kommen?"
Kommen Se mir nich dumm, sonst
komm' ick Jhnen noch dummer!"
Ebenso Einem demlich kommen.
„Da könnte Jeder kommen!" d. i.
daraus wird nichts. — „Na mir
kommen Se nich (mit sowat)!"
Kommikation (Communication),
Weg an der früheren Stadtmauer.
Kommißengel, Soldat.
Kommode. S. Ziehen.
Komzarius, Commissarius.
Koofen, kaufen. Sich Eenen
koofen, d. i. fassen. Red. „Wer
den vor dumm kooft, schmeißt sein
Jeld weg." „Wer'n kennt, der
kooft'n nich!" d. i. der läßt sich mit

ihm nicht ein. — „Det haste dir wol
jekooft, wie Keener in Laden
war?" (d. i. gestohlen.) — S. auch
davor.
Koofmich, Kaufmann.
Kopp, Kopf. „Fauler Koppl" Aus'n
Kopp wissen, auswendig wissen.
— Eenen uf'n Kopp kommen.
— Eenen uf'n Kopp (auch uf'n
Zopp) spucken. — Red. „Et stimmt
uf'n Kopp" d. i. genau. Vgl. Nuppe.
— „Det is nich uf'n Kopp jefallen"
d. h. nicht dumm. — „Wer nich
da is, den wird der Kopp nich je-
waschen!" — „Du kannst dir uf'n
Kopp stellen." — „Der hat seinen
Kopp vor sich." — „Kopp weg,
Beene weg!" — „Kopp weg —
Dachsteen kommt!" — „Det kann
doch'n Kopp nich kosten." — „Wat
man nich in' Kopp hat, muß man
in de Beene haben." — „Wenn
Eener verrückt wird, wird er't zu-
erst in Kopp." — Die Marktweiber
rufen: „Sie! junge Frau (für
sich:) mit 'n ollen Kopp!" (vgl. Jung.)
— S. a. Verkeilen.
Koppjroschen, Schlag an den
Kopf. Ebenso Koppnuß.
Koppscheu, scheu, bedenklich.
Koppschuster, Hutmacher.
Koppstück, wie Koppjroschen.
Korkzieher, Lockentour bei Damen.
Korn. Red. „Er klemmt's Korn"
d. i. er schielt.
Kosten. „Wo jehst'n hin?" —
„Wo't nischt kost!" — „wo't scheen
is un keen Jeld kost'!"
Kosthappen, Bissen zum Kosten.
Kotzen, sich erbrechen. Vgl. Jerben.
Kotzdonnerwetter. Kotzdonner-
stag un freitag!
Kourage. Red. „Det is doppelte
Kourage."
Krabbe, kleines Kind.

Krabbeln. 1) Krauen. 2) Kriechen. Krabbelei.

Krachen. „Det man Allens so kracht" d. i. mit großem Erfolg.

Kracke, altes Pferd.

Krackſen, krächzen.

Krakehl, Streit. Krakehlen. Krakehler.

Krank. „Sie ſind wol krank?" d. i. verrückt. Vgl. Bruſtkrank.

Kranzlers Ecke, Ecke der Linden und der Friedrichſtraße, nach dem Conditor Kranzler. — Mutter Kranzlern, Kuchenfrau.

Kratzbürſchte, ein Menſch, der auf eine Reizung heftig reagirt.

Krauchen, kriechen. „Sowat kraucht ufn Boden nich rum!" Auch kraufen.

Kravattenfabrikant. Wucherer, Halsabſchneider. „Er macht Kravattenjeſchäfte." „Sie haben ihn de Kravatte zujezogen."

Kree, Spaß. „Au Kree!"

Kreeſchen, vom Geräuſch des in der Pfanne ſiedenden Fettes.

Kreklig, peinlich.

Krempel, altes Geräth. Der janze Krempel, d. i. die ganze Sache.

Kremſer, großer Wagen für Landpartieen.

Krenke, Krämpfe. „Krist de Krenke!" (Ausruf des Aergers). „Er krigt de Krenke vor Wuth."

Krepanſe. „Det is, um de Krepanſe zu kriejen" d. i. um zu krepiren.

Krepeln, kleinlich ſein. Kreplig. 1) kleinlich. 2) gebrechlich.

Krete, Parodie der Endung krat in Bürokrete, Demokrete u. a.

Kreten, Geld. „Wenn ick blos 'n paa Kreten in de Taſche hätte!"

Kribbeln, jucken. „Mir kribbelts in de Fingern" d. i. es juckt mich, ihn zu ſchlagen.

Kribbeln un wibbeln, wimmeln.

Kribbelig, reizbar.

Kriegskaſſe, Buckel.

Kriejen, 1) bekommen. „Er krigt's mit de Angſt." — „Mit eenmal krigt der det Loofen." 2) einholen. 3) „Det wer'n wir ſchon kriejen!" d. i. herausbekommen, rathen.

Krietſchen (auch krieſchen), kreiſchen.

Kringel, Gebäck für Kinder.

Krippenſetzer. 'n oller Krippenſetzer, altes Pferd, dann auch ausgedienter Beamter, emeritirter Lehrer u. ä.

Krips, Kragen. Jemand bein Krips kriejen.

Krizelig, kraus, von rauher Oberfläche.

Krone. Red. „Wat is denn den in de Krone jefahren?" d. i. in den Kopf.

Kronſohn. „Oller Kronſohn!" zu gemüthlicher Abwehr.

Kropzeug. S. Kruppzeug.

Krückſtock. Red. „Det fühlt ooch 'ne blinde Frau mit'n Krückſtock!"

Krümel, auch Keſekrümel, kleiner Menſch.

Kruke, irdene Flaſche, beſonders zum Weißbier. „Olle Kruke" von Menſchen. „Kleene Kruke, jroßer Proppen" von Confirmanden mit großem (Cylinder-) Hut. S. auch putzig.

Krumm. „Er ligt krumm" d. i. er hat kein Geld. „Er is krumm, wenn er ſich bückt" d. i. er giebt nicht gern.

Krumme Neune. 1) Verwachſenes Frauenzimmer. 2) wie jrüne Neune (S. Jrün). — S. auch Hund.

Krummbeenig. Red. „Jeh doch deine krummbeenijen (schiefbeenijen) Wejel"

Kruppzeug (auch Kropzeug) unbrauchbare Sachen oder Menschen.

Krus, Krug.

Kuchen Red. „Ja Kuchen!" d. i. Einbildung! (Der Zusatz: „aber nich London!" ist veraltet.)

Kuchenkrümel, zerbrochener oder altgewordener Kuchen. Red. „Ja Kuchenkrümel — (mit'n Rohrstock)!"

Kuchenmilchbrot, süßes Milchbrot.

Kuddel. „Och Kuddel!" sagt man, wenn man sich zu einem Ulk entschließt. Vgl. Feez, Kree.

Kuddelmuddel, Alles durcheinander.

Küchendrajoner, Köchin.

Kümmel-Anis tönen die Glocken der Spittelkirche. Vgl. Pomeranzen.

Kümmeltürke, Philister.

Kürste, Kürschte. 1) Brotkruste. 2) alter Hut.

Kugel-Mugel, Betrügerei, Durchstecherei.

Kugeln. „Det is zum Kugeln" (vor Lachen). Vgl. Kullern.

Kuffert, wie Koffert.

Kuh. Red. „Er steht wie de Kuh vor't neue Dohr." „Der sieht eenen an, wie de Kuh 't neue Dohr".

Kuhblume, gelbe Sumpfblume, wird von den Kindern wie die Maikäfer für Nadeln verkauft. S. Butterblume.

Kuhhaut. Red. „Det jeht uf keene Kuhhaut" d. i. es ist sehr viel.

Kuhkasten, Guckkasten.

Kuhle, kühl.

Kuhlpadde, Kaulquappe.

Kuhnheim. Red. „An Kuhnheim, rede du!" Refrain aus der Posse „Die Mottenburger" von Kalisch (Einlage).

Kuhviertel, Louisenstadt.

Kulbarsch, Kaulbarsch. Red. „Laaß'n schießen, et is 'n Kulbarsch!"

Kullern, rollen. „Det is zum Kullern" (vor Lachen). — „Mir kullert's un bullert's in Bauch rum."

Kullig, komisch.

Kulör, Couleur. „Dieselbe Kulör in Irün." S. a. Borstwisch.

Kulpsen (Kulpsoogen), große Augen.

Kumkarre, die, Schubkarren.

Kunde. 'n fauler Kunde, verächtlich.

Kunststück! (ironisch.)

Kunstwerk. „Wat is'n de Uhr?" — „'n Kunstwerk!" — Vgl. Erbsen.

Kupferstecher. „Alter Freund und Kupferstecher!" (gemüthliche Anrede G W. 189.)

Kur. „Det is 'ne Kur!" d. h. ein Stück Arbeit. „Det war 'ne Kur!" wenn Einer viel durchgemacht hat.

Kurakter, Charakter.

Kurant (courant). S. Jut 2.

Kurz. Alles kurz un kleen schlagen.

Kuschee (couché), geduckt.

Kuschen (auch nachkuschen), nachsitzen; Schulausdruck. Ebenso: Kuschti machen.

Kute, Grube. Müllkute, Senfkute. Murmelkute.

Kutenball.

Kutscherseidel, abgestandenes Seidel.

Kuz, Eichhörnchen, wie Eichkuz.

Kuzeln (auch Kugeln), kleines Buschwerk.

L.

Laaßen, lassen, gewähren lassen. „Laaß ihm!"

Laatsch, Mensch ohne Haltung.
Laatschen, nachlässig gehen.
Laatschig.

Laatschen, Hausschuhe, besonders alte.

Laban, langer Mensch. Ein langer Laban.

Labbe, Lippe. „Hau ihn doch eens in de Labbe!"

Labberig, weichlich, von Speisen.

Labundig, lebendig.

Lachen. Red. „Erst können vor Lachen!" — „Da kannst du lachen!"

Lack. Schulwitz: „Declinir' mal: der Lack." Der Andere: „der Lack, des Lacks, Dem Lack" (wobei er reingefallen ist).

Lackiren, betrügen, reinfallen lassen; Red. „Ich bin der lackirte Europäer."

Ladenschwengel, Ladenschwung, Handlungsdiener.

Lämmerkens, Lämmerwolken, Art Wolken.

Lämmerschwänzken, Blüthen der Pappel.

Längde, Länge. „Uf de Längde jeht det nich." De Längde lang hinschlagen.

Lärmstange, große, zänkische Frau.

Lahme Rieke. Red. „Ach so is die Jeschichte mit de lahme Rieke?!" (aus l'Amérique?)

Lakal, Lokal. Bierlakal. Plur. Lakäler. Auch für Gesicht. Eenen eens ins Lakal hauen.

Lampe. 1) für Licht. „Jeh aus de Lampe!" 2) Eenen uf de Lampe jießen, trinken (Schnaps).

Lang, entlang.

Lang. „Lang wie der Dag vor Johanni" (von Personen). — Red. „Wer lang hat, läßt lang hängen."

Lange. Red. „Wat der is, det bin ick schon lange jewesen!" d. i. der soll sich nur nicht über mich stellen.

Lange Jette, Lorgnette.

Langen, reichen, ausreichen. „Lang mir mal det her." — „Det langt nich. — Sich Einen langen, ihn fassen, vornehmen.

Langsam. Red. „Langsam un mit Jefühl!"

Langstielig, langstiezig, langweilig.

Lanterne, Laterne.

Lappen. Durch de Lappen jehn, entwischen.

Lappig, schlaff, weich.

Lassen. „Er weeß sich nich zu lassen" (vor Vergnügen oder Uebermuth).

Laterne, schmales hohes Haus. Vgl. Handtuch. — Ein Wink mit'n Laternenfahl (auch Zaunfahl), d. i. ein sehr deutlicher.

Laternenzug, der letzte (z. B. von Potsdam) in Berlin eintreffende Bahnzug.

Lati. „Immer lati!" d. i. fort, trolle dich! „Wo is'n der?" — „Der is ja längst lati!"

Latichte, Laterne.

Latte. Lange Latte, langer Mensch.

Lauern, warten. „Mutter lauert mit'n Kaffe."

Laus. „Keene Laus!" d. i. durchaus nicht. — „Nich de blasse Laus!" d. i. kein Gedanke. — „Ich wer' mir doch keene Laus in Pelz setzen" d. i. Ich werde mir nichts Unangenehmes aufladen. — „Ich hau' dir eene, det de Läuse piepen!"

Lause-Allee (auch -Schaffee), Art Scheitel.

Lauseangel, Lausejunge, Lausekrochen, Lausewenzel, Schimpfwörter.

Lauseharke, Kamm.
Lauserei, Kleinigkeit.
Lausig, sehr. „Der ist lausig stark."
Leben. Red. „Das Leben is schön, aber kostspielig." — „In Leben nich", d. i. nie. — „Wat kann det schlechte Leben helfen! ('t Vermöjen is doch bald alle!)"
Leben. Red. „Sowat lebt nich!" — „Leben Se so wohl als auch!"
Lecken. „Er leckt sich alle fünf Finger nach."
Leder. „Wat's Leder hält" d. i. mit aller Macht.
Leech, niedrig.
Lehm. Red. „Wer schmeißt da mit Lehm?" (Zusatz: „un zwarschtens mit nassen?") wird sehr verschieden bei einer Ueberraschung gebraucht.
Lehmann. Red. „Er ziert sich wie Lehmann in't Sarg (mit de Citrone)." — S. auch Fetschow.
Lehnepump, entliehene Garderobe.
Leib. Red. „So bin ick an janzen Leibe!" (wenn man gelobt wird z. B. wegen einer zarten Aufmerksamkeit). — „Man immer zehn Schritt von Leibe!"
Leich für gleich; z. B. „Komme leich!"
Leiche für Leichenzug. Eine jroße (stramme, lange, schöne), kleene, Mittel-Leiche. — Red. „Er sieht aus wie 'ne lebendije Leiche."
Leichenwagen. Red. „Bestelle dir man immer 'n Leichenwagen!" wenn man sieht, daß ein Spiel sicher verloren wird.
Leichtsinn. Red. „Das sagen Sie so in ihren jugendlichen Leichtsinn!"
Leid, Comp. leiter. „Det hat mir noch viel leiter jethan." Red.

„Thu mir man blos nich leid!" (Ausdruck mitleidiger Verachtung). „Sie können mir wahaftig leid duhn." — „Wissen Se, wat Se mir duhn können? — Leid können Se mir duhn!"
Leierkasten, Drehorgel. Red. „Komm nich untern Leierkasten!" d. i. komm gut nach Hause. — Puppenleierkasten, mit Marionetten.
Leim. Red. „Uf den Leim jeh' ick nich (kriech' ick nich)!"
Leimen. 1) betrügen. Einem das Geld im Spiel abnehmen (auch ohne die Nebenbedeutung des Betruges). 2) (unter Schulkindern) aufgekündigten freundschaftlichen Verkehr wieder anknüpfen, mit Einem „wieder reden". — „Och — du hast ja jeleimt!"
Leine. Red. „Zieh Leine!" d. i. Geh ab!"
Lejen. Red. „Na lejen Se't man dahin (aber fall'n Se nich drüber)!" d. i. Lassen Sie's gut sein. — Legen unter Knaben für Besiegen im Ringkampf. „Dir lej' ick noch!"
Lendemain. Dieses Wort wird in Berlin ausschließlich von dem Tage nach der Hochzeit gebraucht.
Lennés, kleine Pflöcke am Saum der Wege im Thiergarten, nach dem Gartendirector Lenné genannt.
Leppern, sich. „Et leppert sich," es wird mehr. Lepperschulden, kleine, zerstreute Schulden.
Lernen. Red. „Mancher lernt's nie — un selbst denn noch unvollkommen".
Lernen für lehren. „Ick wer' dir lernen Leute cujeniren!"
Letkolben (Löthkolben), Nase.
Letter, Leiter.

Letztens, neulich.

Leujnen. Red. „Das kann ich nich anders leujnen." (aus dem „Ulk".)

Lichter für Lichte (Kerzen). „Du ziehst Lichter!" sagt man zu Kindern, die sich die Nase schnauben sollen.

Lieb. Det liebe Jut (Jeld). Den lieben langen Dag. Det liebe Leiden. Seine liebe Noth haben. Ja ja, det liebe Heirathen. Wenn det liebe Verjessen nich wär'! Er hat det liebe Leben nich.

Liebe. Red. „Wer kann vor de Liebe!" (auch: vor de Jefühle!)

Lieberst für lieber.

Liebesgabe, schlechte Cigarre (nach den Erfahrungen des Krieges von 1870—71).

Liejen. S. mehr.

Limpe, wie flunsch.

Linden. Die Parallelstraßen der Friedrichstraße von den Linden bis zur Kochstraße merkt man sich an folgender Zusammenstellung: „Unter den Linden tanzen die Bären, doch der französische Jäger schießt dem tauben Mohren die Krone herab, wie Leipziger Lerchen, welche mit Krauseminze im Schützen-Zimmer gekocht werden." Dasselbe auch in Hexametern:

Neben den Linden tanzen die Bären; französische Jäger
Schießen dem tauben Mohren die Krone vom Kopfe, wie eine
Leipziger Lerche, die kraus im Schützen-Zimmer gekocht wird.

Lippentriller, Schnaps.

Liter, der. Ebenso der Meter u. ä.

Loch. 'n Loch in de Natur schießen, d. i. vorbeischießen. — 'n Loch in Magen haben, d. i. stark essen. — 'n Loch zurückstecken, d. i. in seinen Ansprüchen heruntergehen. — Red. „Rede mir keen Loch in'n Kopp! (in' Bauch)" d. i. mach mich nicht verwirrt.

Locker. Nich locker lassen, nicht nachlassen.

Lodderig, nachlässig. Lodderei.

Loden. 1) Locken. 2) Lumpen.

Löffel. Red. „Ick hab n' janzen Dag noch keenen warmen Löffel in Leibe jekriegt." — Löffel für Ohren; einen eins hinter de Löffel schlagen.

Löffeljarde, Straßenkehrer.

Löschen. Einem eine „jehörije" löschen (d. i. eine Ohrfeige geben).

Loofen, laufen. „Det looft in't Jeld" d. i. es wird kostspielig. — „Er weeß druf zu loofen," d. i. er versteht sich auf seinen Vortheil. — „Eß rasch den Kese uf, sonst looft er weg!" u. ä. — „Du loofst wol vor Jeld?" (wenn Jemand schnell läuft.) S. auch alleene.

Lorke, Lurke, schlechter Kaffee.

Los davor! d. i. fang' an!

Los haben. „Der hat wat los" d. i. er hat Talent.

Los sein. „Wat is denn da los?" (Antwort: „Wat nich anjebunden is!") „Mit den is nischt los" d. i. er taugt nichts.

Loseisen, frei machen, gegen hartnäckigen Widerstand.

Losjehn, anfangen. „Jeht's nich bald los?"

Loslejen, anfangen (transf.) Ebenso

Losschießen. „Nanu schießen Se mal los!" — Vgl. Schuß.

Loszittern, fortgehen. Ebenso

Loszoddeln.

Lowise, Louise.

Lucca-Augen, süßes Gebäck.

Lude, Ludwig.

Luder. Unter allen Luder, d. i. unter aller Würde.

Lüjen wie jedruckt. — Unter Kindern hört man oft: „Kannst du aber lüjen!" (mehr ein Ausdruck der Bewunderung als des Dorwurfs.)

Lüjenkatze. „Alte Lüjenkatze!"

Lüttiti. „Er hat'n kleinen Lüttiti" d. i. einen Stich oder Spitz.

Luft. An de frische Luft setzen, d. i. hinauswerfen. — Red. „Halt de Luft an!" d. i. sei still, hör' auf.

Luft, der, Pfefferminzschnaps. „Dor 'n Sechser feine Luft!"

Lukas. Red. „Hau' ihm, Lukas!"

Luke. Red. „Kiekste aus die Luke?" d. i. also darauf willst du hinaus?

Lulaatsch, wie Laatsch. Ebenso Lulei.

Lumpen. Sich lumpen lassen, sich lumpig benehmen.

Lumpenmatz, Lumpenhändler.

Lumpensammler, wie Laternenzug. (S. d.) Auch der letzte Wagen der Pferdebahn.

Lumpig, schwach, unbedeutend, unanständig. „Noch eene lumpije (lumpichte) Person!" riefen die Kutscher der Chorwagen, um zum Mitfahren einzuladen. (Dann ist er voll und kann abfahren).

Lunte. Red. „Ich rieche Lunte" d. i. ich schöpfe Derdacht. — Dgl. Sengerig.

Lunsch mit de Aalogen, Schimpfwort.

Lutschen, saugen. Lutschbeutel.

M.

Machen. „Mach doch!" (d. i. rasch.) „Mach doch zu!" „Wiste wol machen!" „Mach dette rauskommst!" — „Det macht sich" d. i. es läßt sich gut an. — De Haare machen, de Fenstern zumachen, Feuer anmachen. Machen für Reisen: „Er is nach 'n Spreewald jemacht." — Red. „Wat jemacht werden kann, wird jemacht." (G. W. 389.)

Macher, der eijentliche Macher, Unternehmer, Leiter.

Madam. Diese Anrede, die früher bei den niederen Ständen allgemein üblich war, verschwindet jetzt. Madamken rufen noch die Marktweiber.

Madig, niederträchtig. 'n madijer Hund.—Einen madig machen, ihm seine Derachtung aussprechen.

Mächtig, sehr. „Er hat sich mächtig jefreut."

Mädchen für Alles, einziger weiblicher Dienstbote.

Männeken und Olleken, Anrede an ältere Männer und Frauen.

Maffeeken, unnütze Umstände, Ausflüchte.

Mahlzeit! spöttisch, z. B. wenn Jemand etwas fallen läßt.

Mahn, Mohn. Mahnpielen, Speise aus geriebenem Mohn.

Mahoni (auch Majahoni), Mahagoni.

Maikeber. Der männliche Maikäfer heißt Hahn, der weibliche Sie; man erkennt die Männchen an den langen Fühlhörnern. Man unterscheidet: Kaiser mit violetem Schild, König mit rothem, Prinz mit violetschwarzem, Schornsteinfeger mit schwarzem, Müller mit

4

graubehaartem Schild. Jſt der Maikäfer nicht **luſtig**, ſo nimmt man
ihn in die hohle Hand und puſtet
ſo lange — oder man ſetzt ihn auf
die **Puttaſirtrommel** und
drückt ſo lange auf die Fußſpitzen,
bis er luſtig wird. — Die Kinder
verkaufen Maikäfer mit den Rufen:
„Maikeber! Maikeber! (auch abge-
kürzt: Maik! Maik!) Stück drei
Nadeln!" oder: „Kebermai! Kebermai! Vor eene Nadel jibt et drei!"
und ſpäter: „Keberher! Keberher!
Vor eene Nadel jibt et ſechs!" —
Das Kaſtanienwäldchen gilt als
Maikeberbörſe. — „Er zählt
wie 'n Maikeber!" (auch blos: er
maikebert) d. i. er bereitet ſich vor,
er ſteht auf dem Sprung, z. B. wenn
Jemand eine Rede halten will. —
Das Garde-Füſilier-Regiment heißt
die **Maikeber**. Es ſtand früher
(als Garde-Reſerve-Bataillon) in
Potsdam und Spandau und kam
von dort alljährlich um die Mai-
käferzeit zu den Paraden nach Berlin.
Wenn die Straßenjungen an der
Maikeberkaſerne vorbeigehn oder auch
blos einen Garde-Füſilier kommen
ſehen, ſo ahmen ſie zum Spott das
Summen des fliegenden Maikäfers
nach (ein lautes durchgehaltenes S).

Main. Red. „Nich in die la main!"
d. i. damit bleiben Sie mir vom
Leibe. (Börſenausdruck.)

Makulatur reden, dummes
Zeug reden.

Male, Amalie.

Malen. Part. auch jemalen. —
Red. „Ich wer dir wat malen!"
(wie huſten.) — „Du kannſt dir
eenen malen!" (wenn Jemand etwas
wünſcht, was nicht zu haben iſt.)

Man, nur. Oft pleonaſtiſch **Man
blos**. „Man blos nich!" („Man
blos nich drängeln!") — „Ach Sie
ſind's man blos?" — „Man blos
nich ſo dichte ran!" — „Det kannſte
man ſicher jloobenl" — „Na ick
ſage man!" — „Laß man jut
ſind!"

Mang, unter, d. i. zwiſchen.
Mittenmang. „Da is Waſſer
mang." „Ich bin mit mang", d. i.
ich bin dabei. „Feſte mang!" —
Red. „Da is wol Mehl mang?"
(fragt die Mutter, wenn das Kind
das Brot nicht eſſen will.)

Manſchen, miſchen. Manſcherei.

Manſchetten, Furcht. „Er hat
helliſche Manſchetten."

Marcht, Markt.

Marieken Stuckert für Maria
Stuart.

Markeln (auch **murkeln**), unnütz anfaſſen, beſonders wenn man
einen ſchlimmen Finger oder dergl.
oft anrührt. — Ebenſo von jungen
Thieren: „Markle doch den jungen
Hund nich ſo."

Marſch. Eenen 'n Marſch bla-
ſen, ihm gründlich die Wahrheit
ſagen.

Marg, Mark (der Knochen). „Er
hat keen Marg in de Knochen" d. i.
er iſt ſchwächlich.

Maſchugge. S. meſchugge.

Maſſe, Menge.

Maſſenbach (eig. ſtud.), maſſenhaft.

Maſſiv, grob, von Menſchen.

Maſtig, ſtark.

Materialiſt, Materialwaaren-
händler.

Materie, Eiter.

Matſch, Schmutz. **Matſchig**.

Matſchwetter, Thauwetter.

Matzebäcker, Conditor, auch
Schimpfwort. (Auch die Rubinſtein-
ſche Oper „Die Maccabäer" wurde
ſo genannt).

Mau. 1. unwohl. „Mir is so mau."
2. dürftig, mittelmäßig. „Bei Leh-
manns war et man mau."
Mauer, Maurer. Mauerkelle.
Mauerfrese, rund um den Hals
gehender Bart (Backen und Kinn
frei). Charakteristisch ist dabei, daß
der Schnurrbart fehlt.
Mauerleiche, ein Mensch, der (z. B.
betrunken) von Andern der Länge
nach auf den Schultern getragen
wird.
Mauke, Podagra. „Der hat de
Mauke in de Beene."
M"aul. Red. „Er war wie uf't Maul
jeschlagen" d. i. er war zum Schweigen gebracht. — „Er hat's Maul
vorne weg" d. i. er ist vorlaut. —
„Du bist doch sonst nich uf't Maul
jefallen."
Maulkorb. „Der hat 'n Maulkorb
um!" d. i. ein Tuch, bei Zahn-
schmerzen u. ä.
Maulspitzen. Red. „Da hilft keen
Maulspitzen, jeflffen muß sind!" d. i.
man muß in den sauren Apfel
beißen.
Maulwerk. „Hat der Kerl 'n Maul-
werk!" von Einem, der viel spricht.
Mauschelle. 1) Ohrfeige. 2) Art
Gebäck.
Mausebraten, Kartoffeln mit Speck.
Mausen, stehlen.
Mausig. Sich mausig machen,
prahlen.
Mausike, Musike, Musik. (Ruf
im Circus Renz u. a.)
Max Mahon für Mac Mahon.
Maxe, Max.
Mazelig, nicht gescheut.
Mechten (möchten) für mögen: „Det
hätt' ick mechten sehn!"
Meechen, Mädchen.
Meenen, sagen. Red. „Meenen Se
mir oder meenen Se mich?" —

„Na ick meene man (bloß)!" (Höf-
liche Einlenkung.) — Meeuste nee?
d. i. bist du andrer Ansicht? oder:
glaubst du das nicht? Auch „Du
meenst wol nee?"
Mehltute, Gebäck für Kinder. Aehnlich
Mehlweißchen. Plur. **Mehl-
weiser.**
Mehr. Red. (wenn Jemand etwas
fallen läßt) „Da kann mehr liejen!"
(Zusatz: „wenn't jut jepackt wird.") —
„Det schmeckt nach mehr." — „Mehr
wern't nich!" (beim Gelddurchzählen.)
Mehrere (mit falscher Betonung),
mehrere.
Mehrschtendeels, meistentheils.
Meiern, übers Ohr hauen.
Meile. Red. „Det is de Meile sieben
Viertel" d. i. das ist ein Umweg.
Meinen. Red. „Was meinen Sie,
wie jesund is das?" Refrain aus
der Posse „Drei Monat nach dato."
Meinswejen (auch vor meins-
wejen), meinetwegen.
Meinigte, der, der meinige.
Menne, Männchen, statt des Vor-
namens gebraucht.
Mensch. Red. „Wat sagt der Mensch
dazu?!" (Ausdruck der Verwun-
derung.)
Menschenmöglichkeit. Ruf der
Verwunderung: „Is't de Menschen-
möglichkeit?!"
Menschenmuseum, anatomisches
Museum.
Menschenskind! verwunderte
Anrede.
Menschheit, für Menschenmenge.
„Da war 'ne schrecklije Mensch-
heit."
Merkwidrig, merkwürdig.
Merretig, Meerrettig.
Meschugge (jüd.), verrückt. Red.
„Frisch, jesund un meschugge."(Posse).

4*

Messer. Plur. die Messern. Red. „Er hat 't große Messer" d. i. er schneidet auf. In einigen Bierstuben war früher ein großes Messer mit einer Glocke an der Decke befestigt; wenn Einer handgreiflich aufschnitt, wurde geläutet.

Micheli, Michaelis, als Umzugstermin.

Miekrig, auch **mickrig,** kränklich.

Mieren, Ameisen. **Miereneier.**

Mierenschpirtus.

Mierig, schäbig.

Mierigte, der, der meinige.

Mies (jüd.), häßlich, unangenehm, von Personen und Sachen. — Red. „Mir is mies vor's Janze."

Miesekatze; Kinderwort.

Miethszettel, an Pumphosen heraushängender Hemdzipfel (bei Kindern). „Wat kost'n de Wohnung?"

Mietze (auch **Mieke**), Marie.

Milch-Büreau, Aufschrift der Milchkeller. **Milch- und Sahnen-Büreau.**

Milchern. Ein milcherner Hering, d. i. ein männlicher. Vgl. auch Braten.

Mille, Mähle.

Millezin (**Mellezin**), flüssige Arznei. — „Meine Mutter is jestorben, der Doctor hat ihr nich jenug Millezin jejeben."

Millioneser, Millionär.

Mimmeln, ohne Zähne kauen.

Miserig, kränklich.

Mistforke, Mistgabel; auch Hand.

Mißverstehn. „Versteh mir nich miß!"

Mittag. Ueber Mittag bleiben, z. B. in der Schule.

Mittelmum, nach Analogie von Maximum und Minimum.

Mittelstand. Red. „Der Mittelstand kanns nich!"

Mobil, gesund, vergnügt.

Modder, dicker Schmutz, Sumpf.

Modderig.

Mode. Red. „Nanu, det wär'ne neue Mode!" — „Aber janich wie't Mode is!" d. i. in hohem Grade, kräftig.

Möblirt. „Unser möblirter Herr" (der ein möblirtes Zimmer gemiethet hat).

Möglichkeit. Red. „Is de Möglichkeit!"

Mörderlich, mörderisch, stark. Ebenso **Mordsmäßig.**

Mösers Ruh', das frühere Schuldgefängniß in der Köpnickerstraße.

Mogeln, betrügen. **Mogler, Mogelant, Mogelei.**

Mohikaner. Red. „Der letzte der Mohikaner!" (beim letzten Thaler.)

Mohnblatt, dünne Scheibe Brot, Wurst ꝛc.

Mohnpielen. S. Mahn.

Mohren—— un **Markjrafenstraßen-Eckel** (unterdrückter Fluch.)

Mohrrüben. Red. „Da kann man Mohrrüben druf säen" (wenn Jemand sich den Hals nicht gewaschen hat). Vgl. Peterfilie.

Mojabit, Moabit.

Mojument, Moment.

Molle, Mulde. Red. „Et jießt mit Mollen" (vom Regen).

Mollig, weich, traulich.

Molum (eig. stud.?), betrunken.

Monat, das. „Es war in's vorchte Monat."

Moneten, Geld.

Moos, Geld, eig. studentisch.

Mopper, hübsch, nett.

Mops. Red. „Wir ha'm uns amüsirt, wie Mops in Dischkasten" (ironiſch.) — Möpſe, Geld. „Er hat 'n paa Möpſe".

Mopſen, ſtehlen. Sich mopſen, ſich langweilen.

Mord. „Der höhere Mord" d. i. et- was tödtlich Langweiliges oder Blöd- ſinniges. Uf Mord, d. i. ſehr.

Mordbahn, Berliner Nordbahn.

Mordskerl, meiſt ironiſch: „Du biſt 'n Mordskerl!"

Morjen. Plur. Morjende (nach Analogie von Abende). „Die Mor- jende ſind ſchon ſo kühl."

Morjen wird jeſegt! (An- kündigung der Schornſteinfeger.)

Motten. Red. „Kriſt de Motten!" etwa: Hol' mich der Teufel! (Aus- druck des Erſtaunens).

Mottenkopp, Mottenkönig, Einer der Motten (Marotten?) im Kopf hat.

Muck, Laut. Nich mucksen, keinen Laut ſagen.

Muckebold (kleiner), Trotzkopf, kleiner Eigenſinn.

Muckſch, trotzig, von Kindern.

Muddeln, zerknittern (z. B. ein Tuch).

Muddelig, ſchmutzig. Auch: „Er is 'n Muddel ('n Muddelack)".

Mudicke, angelegen, von Birnen und Aprikoſen. Auch muſig.

Mücken, Familienhäuſer in der Gartenſtraße.

Mückenfett. Zum Aprilſcherz wird oft ein gläubiges Dienſtmädchen oder ſonſt Jemand in die Apotheke ge- ſchickt mit dem Auftrag, „vorn Sech- ſer Mückenfett" zu holen.

Müdigkeit. Red. „Schützen Sie keine Müdigkeit vor!"

Mühlendamm. „Er ſieht aus wie uf'n Mühlendamm aus'n Sack je- riffen" d. i. ſchlecht gekleidet. — Lord vom Mühlendamm, Stutzer niedern Ranges. — Müh-

lendammer, Kleiderjude. Vgl. Anreißer.

Müll, Kehricht. Müllſchippe.

Mütze. Red. „Herr du meine Mütze!" (unwillig). „Der krigt wat uf de Mütze", beſonders beim Kar- tenſpiel, wenn eine Karte über- ſtochen wird.

Muff, Geſtank. — Unter allen Muff, d. i. unter aller Kritik.

Muffe, die, Muff (von Pelz).

Muffig, dumpfig.

Mufflig, maulfaul, mürriſch.

Mugelei, Betrügerei. „Hier man keene Mugelei machen!" — Mu- gelig, unbeſtimmt, von der Farbe; verdächtig: „Det is 'ne muglije Je- ſchichte".

Mulmig, faul. „Die Sache wird hier mulmig!"

Multrig, dumpfig.

Mumm haben, Luſt, Muth haben.

Mummeln, wie mimmeln.

Mummelſack (auch Mummelack). 1) Schreckgeſpenſt für Kinder. 2) Große Regenwolke.

Mumpitz, Unſinn (Börſenausdruck).

Munklig, verdächtig, vom Wetter; et munkelt.

Munter. „Vier muntre Dinger", d. i. vier Murmel, vier Zahlpfennige beim Spiel u. d.

Murkeln. S. markeln.

Murksen, wie murkeln.

Muſig. S. Mudicke.

Muſikant. Red. „Hier ſitzen de Muſikanten!" (d. i. das Geld; man ſchlägt dabei auf die Taſche.)

Muſikantenknochen, ein Nerv des Ellbogens, der bei einem Stoß ſehr empfindlich iſt.

Muſike. Red. „Da ligt Muſike drin!" — S. auch Danke.

Muß wie Miene. Red. „Det is

Muß wie Miene" d. h. eins wie's andere.

Mußleiche, Pfannkuchen.

Mußspritze', Regenschirm.

Mußtopp. Red. „Du kommst aus'n Mußtopp" d. i. du haft nicht gehört, wovon die Rede war.

Muth. Red. „Nur Muth! Die Sache wird schon schief jehn!" Mutter. Bei Muttern jehn, d. i. nach Hause gehn. „Bei Muttern is't am besten." — „Jrüß Muttern!" (Abschiedsformel). S. auch Jrün. Muß. Red. „Bist wol aus Muß (wo alle die zoddlijen Rüben wachsen)?"

N.

Na. Na denn nich! (lieber Mannl et muß ja nich sind! — aus dem Jahr 1857 oder 58). Na drum ooch! Na obl Na ob un wiel Na ooch noch! Na wat'n noch?! Na det fehlte!

Nabend für guten Abend.

Nach sich. „Er is sehr nach sich" d. i. sehr egoistisch, er gönnt Andern nichts.

Nach sich nehmen, zu sich nehmen. „Du, nimm mal det nach dir!"

Nachbar. Red. (beim Weißbier) „Nachbar, ick sehe Ihnen!" (trinkt). Antwort: „Is mir lieb, det Se nich blind sind." — Nachbar auch allgemein als gemüthliche Anrede.

Nacheisen, nacheilen.

Nachtwächter. Red. (wenn etwas Merkwürdiges erzählt wird) „Es is schon vorgekommen, daß 'n Nachtwächter bei Dage jestorben is." — „Untern Nachtwächter" d. i. unter der Kritik.

Nachtrath, Nachtwächter.

Nachtschlafend. Bei nacht-schlafender Zeit.

Nackedei, nacktes Kind.

Nackendig, nackt.

Nackig, Nacklich, nackt. Splinterfasernacklich.

Nähterin, Näherin.

Nagel. „Er hat 'n furchtbaren Nagel" d. i. er ist sehr eingebildet.

Nahrung. Einen in Nahrung setzen, d. i. ihn etwas verdienen lassen.

Naht, Stück (hintereinander weg). „Er hat 'ne jute Naht zusammenjeredt."

Namen. Red. „Verjeß deinen Namen nich!" (wenn Jemand beim Trinken einen großen Zug thut.) — „Man jibt's 'n Namen un läßt 't loofen!"

Nante. 1) Ferdinand. 2) wie Fatzke. — „Sonne Nante!" Red. „Seid ihr Menschen, sagte Nante zu seine Schweine." — „Nante Strump, jeborner Socke."

Nanu. Eine der häufigsten Interjectionen als Ausdruck der verschiedensten Seelenstimmungen, der Verwunderung, des Mitleids, der Entrüstung u. s. w. Viele Verbindnngen: Nanu man zul Nanu neel Nanu wird's Dag (Herr Meier)! u. ä. Auch für nous (uns) in der Red. „Janz entre nanu."

Nase. Alle Nase lang, d. i. jeden Augenblick. — Sich wat aus de Nase jehn lassen. — 'ne lange Nase machen. — de Nase in't Buch stecken. — Mit de Nase uf't Buch liejen. — Immer de Nase lang, d. i. geradeaus. — Red. „Ihnen hat wol lange nich de Nase jeblut't?" Vgl. Backzähne. — „Det wer ich'n noch mal unter de Nase reiben!" — „Faß dir an deine Nasel d. i. kümmere dich nicht um anderer Leute Angelegenheiten. (Zusatz: „Da haste Fleesch jennug!" — „Det hat ihn lange in de Nase jestochen" d. i. ihn lange gereizt.

Nasenpopel, verächtlicher Mensch. „Sie sehn mir wol hier vorn Nasenpopel an?"

Nasenquetscher, schlechter, billiger Sarg.

Nasenstieber, Frucht des Ahorns, die sich Kinder auf die Nase klemmen.

Nassauer. 1) Regenschauer. 2) Der etwas genießt, ohne zu bezahlen. Dafür auch Freiberjer.

Naß. Per naß, vor naß, umsonst.

Naß machen, einweihen.

Natel, Nadel.

Nation, Gesellschaft, in wegwerfendem Sinne: „Is det ne Nation!"

Natirloch (naturloch), natirch, natürlich.

Natur. Red. „Wie de Natur spielt!"

Naturforscher, Lumpensammler.

Naute, Gebäck aus Syrop und Mohn. Die echte Naute wird bei Kindern sehr scharf von der geringeren Bongbongnaute unterschieden.

Nee, nein. „Nee — aber sowat—!" (Ausruf der Verwunderung). — „Nee, über ihnen aber ooch!" d. i. wie kann man so etwas thun! — Nee?! wie nanu?! als Ausdruck ungläubiger Verwunderung. -- Nee — Sie? Verneinung und Gegenfrage. — „Du denkst wol nee?"

Neeje, Neige.

Nehmamsell, Näherin. Dafür auch Nehfuzel.

Nehmen. Red. „Woher nehmen un nich stehlen?"

Neidhammel, neidischer Mensch.

Neine, neune. Red. „Davon nach neine!" d. i. davon ist keine Rede. — „Alle neine!" (wenn Jemand etwas entzweiwirft.)

Nelen (auch nölen), zögern, langsam sein. Nelig. Nelfuse.

Nese, Nase.

Neten Se treherl d. i. Treten Sie näher!

Neu. Handschuhe werden auf neu gewaschen.

Neues Jahr. „Ick wünsche Jhnen 'n verjnügtes neues Jahr!"

Neunmal klug, d. i. superklug.

Nibbeln, nähen, schneidern.

Nich sehnl d. i. geh mir damit!

Niche für nicht (am Schluß). „Ick niche!"

Nickel, Zehnpfennigstück.

Nickelchen. Red. „Ei du mein Nickelchen, mein Nickelchen!" (Lieblingscouplet des Puppenspielers Linde.)

Nicken, Nücken. „Er hat seine Nücken" d. i. seine eigensinnigen Launen.

Nicken. 'n bisken nicken, d. i. schlummern.

Nie. „Det jeht wie noch nie!" d. i. sehr gut. — „Nie ohne diesem!" statt ohne dies.

Niederträchtig-merkwürdije Eisenbahn, d. i. Niederschlesisch-Märkische.

Nimm se du se dir se denn se doch (doch se mau se). Scherzhafte Häufung des Pronomens sie.

Nischt. Dor nischt un wieder nischt, d. i. ohne jeden Grund. — Red. „Dor nischt is nischt!"

Nobel. Red. „Nobel muß de Welt zu Jrunde jehn!"

Noch eens oder noch mal in

Flüchen: „Kotzwetter noch eens!"
„Donnerwetter nich noch mal!"
Noch so. Red. „Na denn is et noch
so!" d. i. das kann nicht schaden.
Nochmal. Red. „Wenn Se det noch-
mal machen, denn kann ick's ooch!"
(besonders, wenn Jemand etwas
fallen läßt.)
Nörjeln, pedantisch tadeln. Nörjelig.
Noten. Keile nach Noten.
Nucke, Kaninchen.
Nuge, Nase. „Krigst eens in de
Nugel"
Nummer Sicher, Polizeiwache,
Gefängniß.
Nuppe. „Uf de Nuppel" d. i. ge-
nau; z. B. beim Würfeln: „Zwölwe
— uf de Nuppe!" Auch uf de
Niepe.
Nuß, Nase. „Er hat eens uf de
Nuß jekrigt."
Nutschen, lutschen.
Nuttig, unbedeutend, schlecht.
Nuzeln, 1) zaudern. 2) undeutlich
sprechen. Nuzelig, saumselig.

O.

„Ob se Jeld hat?" wird gefragt,
um das Aufstoßen aus dem Magen
(Rülpsen) zu maskiren. Ebenso als
Antwort: „Achtzigdausend Dahler!"
Man sagt auch wohl: „Ab · sätze
macht der Schuster" oder „Anständig
nich — aber jesund!"
Obacht jeben, Acht geben.
O · Beene, wie ein O gestellte.
Oben jehn (kommen), für hin-
aufgehn.
Oben. Oben uf sein, vergnügt
sein. — „Oben hui, unten fuil"
d. i. von oben glänzend, innen faul.
Oberfaul, sehr schwach, schlecht.
Oberkopp, Obertasse (Taffenkopf).
Obs de für ob du.

Obst. Red. „Danke für Obst (Back-
obst) (un andere Südfrüchte)."
Och, ach. „Och du — mach doch!"
Ochse. Red. „Man kann von 'n
Ochsen nich mehr verlangen, wie'n
Stück Rindfleisch." — „Entschuldjen
Se, et kommt'n Ochse." — „Na ja,
da stehn nu de Ochsen an Berje!"
Ochsen, emsig arbeiten. Schulaus-
druck.
Ochsenkietel, Schimpfwort. Vgl.
Rindskietel.
Ochsenkopp, Arbeitshaus auf dem
Alexanderplatz. Das frühere Arbeits-
haus (Belle-Allianceplatz Nr. 11) ge-
hörte dem Schlächtergewerk und hieß
nach seinem Schilde der Ochsenkopf.
Der Name hat sich auf das neue
(1756 erbaute) übertragen.
Ochsenpantoffel, Schimpfwort.
Ochsig, sehr. „Et rejent ochsig."
Octoberfuchs. Red. „Er jrient
wie'n Octoberfuchs."
Oder. Red. „Oder ooch nich — wat
detselbe sagt."
Oderkähne, große Schuhe; auch
große Füße.
Oberste, der, der Oberste.
Oefter. Red. „Machen Se det
öfter?" (wenn Jemand etwas um-
wirft u. dgl.)
Oel, der.
Oelf, ölwe, elf.
Oeljöße, steifer, langweiliger Mensch.
Oelkopp. 'n Oelkopp haben,
betrunken sein.
Offzierviertel, Arm voll Holz.
Ohne. „Det is nich ohne (scil. Be-
deutung)!"
Ohr. Sich etwas hinter de
Ohren schreiben, d. i. sich
etwas merken. „Du sitzt wol uf de
Ohren?" d. i. kannst du nicht hören?
— „Der kann sich alleene wat int

Ohr sagen!" (von einem Menschen mit großem Munde.)
Olle, der, Alte. „Meine Olle", meine Frau. Auch zärtlich: „Olleken!"

Sonst wird mit alt alles Verdächtliche, Schlechte bezeichnet und oller wird jedem Schimpfwort vorgesetzt: „Oller Stiefel!" — Sehr häufig in Verbindung mit tüchtig: „'ne olle düchtije Wurscht.
Omnibus. Plur. Omnibusse und Omnibusen. Will man sich gebildet ausdrücken, so sagt man: die Omnibi. — Schwarzer Omnibus, Leichenwagen.
Onepus, Omnibus.
Onkel, gemüthliche Anrede, auch an fremde Menschen.
Ooch, auch. „Juten Dach ooch." — S. auch übel. — „Weeßte schon?" — „Nee — du ooch nich?"
Ooge, (auch Ooje), Auge. Red. „Er kiekt mit's rechte Ooge in de linke Westentasche" d. i. er schielt. — 'n paa Oogen voll Schlaf nehmen d. i. einen kurzen Schlaf thun. — „Er macht Oogen wie'n jestochnet Kalb." — „Bei dir sind ooch de Oogen jrößer wie der Magen!" (von Einem, der sich mehr auf den Teller genommen hat, als er essen kann). — „Wie leicht konnte det in's Ooge jehn!" (wenn etwas hinfällt). — „Der hat sich 'n Stück Jlas in's Ooge jetreten" (von Einem, der ein Monocle trägt). — „Ick wer' heute Nacht schlafen, det een Ooge 't andre nich sieht."
Oogenblick. „Er muß jeden Oogenblick kommen."
Orch, Orje, Georg.
Ordnung. Red. „Ordnung rejiert de Welt — un der Knüppel de Leute."

Orljander, Oleander.
Orntlich (auch ornglich). 1) wirklich; z. B. „Det is ja orntlich vernünftig von de Polizei." „Det hat orntlich jeblitzt!" 2) gehörig; z. B. „Den haben se orntlich zujedeckt."
Ostern. Red. „Ick hau dir eene, dette denken sollst, Ostern un Pfingsten fällt uf eenen Dag!"
Otto Bellmann heißen, von etwas ausgesucht Gutem: „Nu wer' ick Ihnen mal eenen (z. B. Cognac) jeben — der soll Otto Bellmann heeßen."

P.

Paar, adjectivisch, z. B. „Die paar Menschen".
Package, Bande, Gesindel.
Packet. Red. „Du bist der Schönste von's halbe Dutzend — du komnst uf's Packet!"
Padde, Paddex, Frosch.
Paff (auch baff), verblüfft. „Ick war janz paff."
Paffen, stark rauchen.
Pagen, Kinder.
Palen, auskernen. Nur Schoten werden jepalt.
Paletot. Plural scherzhaft Paletöter.
Pampe, Pamps, weiches, feuchtes Brot, breiartiges Essen. Pampig.
Pampuschen (franz. babouche), Hausschuhe.
Panster, wie Patz, Fettfleck.
Pantinen, Holzschuhe. Pantinenviertel, Pantinenschule.
Pantsch, Bauch.
Pantschen, im Wasser mit Geräusch herumarbeiten.

Pape, Gurgel. Bei de Pape kriejen.

Papeln, unarticulirt sprechen.

Papen-, Jrenadier- un Mohrenstraßen-Ecke, scherzhafte Wohnungsangabe.

Pappe. Red. „Det is nich von Pappe" d. i. nicht schlecht.

Pappen, Essen.

Pappstoffel, Dummkopf.

Par Ordre di Mufti, auf höheren Befehl. (G. W. 215.)

Parade, wie Bescheerung. „De janze Parade."

Parechalkirche (auch Parechoal, Parchioal), Parochialkirche.

Paree? sagt man beim Anbieten einer Wette. „Wie hoch paree?" (franz. parier.)

Pariser, Filzschuhe. Auch Filzpariser.

Parpe. 1) Nase, die beim Athemholen parpt; bes. Rotzparpe. 2) Pfeifen, die Kinder sich aus Weidenrinde oder Butterblumenstengeln machen.

Part, die, Theil. „Uf jede Part kommt so un so ville."

Partuh, partout. „Er will partuh nich." „Det is partuh ejal."

Passe. Red. „Det kommt mir sehr zu passe."

Passen. Einem uf de Fingern passen (d. i. sehn). — „Det paßt mir nich" d. i. es mißfällt mir, das laß ich mir nicht bieten.

Passiren. Red. „Det kann Jeden passiren." — „Det kann 'n Mann passiren, der Frau un Kinder hat."

Pastete. Die janze Pastete, die ganze Angelegenheit.

Pastorstunde, Predijerstunde, Confirmandenunterricht.

Paß Acht! paß auf!

Patent (eig. studentisch), fein, schön.

Patent. Red. „Da lassen Se sich man 'n Patent druf jeben!" (wenn Jemand etwas ganz Nichtiges oder Albernes erfunden hat.)

Patern, stehlen. Schulausdruck, wie atern.

Patsche. 1) Hand (Patschhand, Patschhändchen, bei Kindern). 2) Verlegenheit; In de Patsche sitzen.

Patschen, ins Nasse treten.

Patschenaß, ganz naß.

Patz, Grind. „Er hat Patz uf'n Kopp."

Patzboulette, Schimpfwort der Marktweiber.

Patzen, Stück, wie Atzen.

Patzeule, Schimpfwort.

Patzig, frech im Antworten. Daher: Patzkopp, patzköppig.

Pauke, wie Standpauke. S. d.

Pauker, Lehrer.

Paule, Paul.

Pechhengst. 1) Pechvogel. 2) Schuster.

Pechhütte. Red. „Bis in de (aschjraue) Pechhütte" d. i. bis zum Aeußersten. (Wohl eig. studentisch.)

Pedal, Füße.

Peden, unkrautartige Wurzeln und Ranken.

Peetscheln (auch peezen), rudern. Die Peetschel, Ruder.

Pelle, Haut. „Er jeht mir doch nich von de Pelle!" Pellatoffeln, Pellkartoffeln.

Penne, Schlafstelle (auch Bett). Pennen, schlafen. Pennbruder, obdachloser Bummler.

Pennuge (poln.), Geld.

Pepo. Kleener Pepo, kleiner Kerl.

Perjamide, Weihnachtspyramide.

Perleberg, Polizeigefängniß in der Perlebergerstraße No. 10. Vgl. Anton und Barnim.

Peserick (auch Peserich), Stock zum Durchprügeln.

Peten. "De Uhr is bei Peten" (auch per Peten) d. i. sie ist versetzt.

Peter Meffert, Gestank. (Vgl. jedoch G. W. 169 f.)

Petern, sich an einem Gegenstande (z. B. einem Schloß, um es zu öffnen) abmühen; auch für Polten.

Petersilie. "Dir wächst ja Petersilie hinter de Ohren!" sagt man zu Kindern, die schmutzige Ohren haben. — "Dir is wol de Petersilie verhagelt?" wenn Einer besonders unwirsch ist.

Perplex, verwirrt, betäubt.

Perrücke, Einem in de Perrücke fahren, d.i. ihn bei den Haaren fassen.

Petroljum, der. Auch der Petroleum.

Petze, die, Angeber in der Schule.

Petzen, angeben.

Picheln, trinken, zechen.

Picke. Besoffen wie 'ne Picke.

Piccolomini, Mensch mit unreinem Teint.

Picken. Red. "Dir pickt er wol?" (scil. der Käfer).

Piechen, keuchen.

Piejatz, der, Cigarre.

Picke. "Er hat 'ne Picke uf mir" d. i. einen Groll. So auch: "Det is 'ne Pikanterie von den" d. i. eine Bosheit.

Pieken, stechen. In't Essen pieken, als Beweis, daß man keinen Appetit hat.

Piekfein. "Aber piek!"

Piep. "Er kann nich mehr piep sagen" d. i. keinen Laut mehr.

Piepe, gleichgültig. "Mir is allens piepe."

Piepen, Silbergroschen.

Piepig. 1) kränklich. 2) singend, von einer dünnen, hohen Stimme.

Piepmatz, Piepvogel, besonders auf Orden (Adler) angewendet. — "Hast wol'n Piepmatz?" S. Vogel. — "Röschen hatte einen Piepmatz!" (Couplet aus "Die Mottenburger" von Kalisch.)

Pieraas (Plur. Pieräser), Pieresel, Pieratze, Regenwurm.

Pietsch. Red. "Weg, Jungs, Pietsch kommt!" (Entstanden im Herbst 1853.)

Piesacken, peinigen.

Pille. Red. "Merk' dir die Pille!" d. i. merk' dir die Lehre!

Pillendreher, Apotheker.

Pimpeln, empfindlich in der Gesundheit sein oder thun. Pimplig.

Pimpelfritze. Pimpelliese.

Pinke, Geld.

Pinne, kleiner Nagel.

Pinnen, lügen. "An Pinne!" rufen die Jungen bei einer unwahrscheinlichen Geschichte.

Piperlings. "Det Wasser (der Schweiß) lief mir immer piperlings runter."

Pips. Red. "Er hat 'n Pips weg" d. i. einen Schaden.

Pitschenaß, wie patschenaß.

Pladautz, Ausruf, wenn Etwas mit Geräusch fällt.

Pladdern, triefen, stark regnen.

Plängschaß (pleine chasse). "Da kam er plängschaß anjaloppirt."

Pläsirlich, angenehm.

Pläsirverjnügen.

Plärren, schreien, weinen.

Plan. Red. "Det is keen Plan" d. i.

kein vernünftiger. (Zusatz: „für Deutschlands Söhne.")

Plansch, Nässe, Regen.

Planschapotheke, Destillation.

Planschen, plätschern, im Wasser spielen. „Er planscht in Wonne."

Planschkopp, wie Quatschkopp.

Planschnese, dicke Nase.

Platze. Red. „Er ärjert sich de Platze".

Plauze, Bauch. Sich de Plauze vollschlagen.

Pleite (jüd.), (Subst. u. Adj.), Bankerott.

Plempe, Säbel.

Pletteisen, große Füße.

Pletze (Plötze), Spreefisch. Red. (beim Ausspucken) „Da Mies, hast 'ne Pletze, morjen krigste'n Aal!"

Pli, Standesstolz. Schneiderpli, Budikerpli.

Plierig, triefäugig. Plieroogen.

Plinken, plinkern, blinzeln. Eine alte und schöne, aus dem zoologischen Garten stammende Redensart ist: „Vater, seh mal den Adler, der plinkert mit de Oogen un eßt dabei!"

Plinsen, weinen.

Plümerant. S. blümerant.

Plumpen, pumpen. Die Plumpe, Brunnen.

Plumphecht, in's Wasser geworfener Stein, oder ungeschickter Schlag mit dem Ruder.

Plumpsen, mit Geräusch in's Wasser fallen. Red. „Da schmeiß' ick't Jeld ja lieber in de Spree — da hör' ick's wenigstens plumpsen!"

Plundermatz, Lumpenhändler.

Plundrig, schäbig, unansehnlich.

Plustrig, aufgeblasen. Plusterkopp.

Plutz. Red. „Er kommt uf'n Plutz" d. i. plötzlich, unerwartet.

Pockig, narbig, von Kartoffeln.

Pofiest. S. Bofiest.

Pójatz, S. Bajazzo.

Polit'sch, schlau.

Polizei. „Der is ooch dümmer wie de Polizei erloobt" (polizeiwidrig dumm).

Polizeioogen. Red. „Det Bier macht Polizeioogen!" wenn der Schaum ganz sparsam und grossäugig ist.

Polizeiwidrije Visage.

Polkafrisur, wie Barbiertolle.

Polken, mit den Fingerspitzen vorsichtig abzulösen suchen. — Auch für Polka tanzen (wie walzen).

Polkschinken, Guitarre.

Pollack, Tabaksrest im Pfeifenkopf.

Polnisch. Polnischen Abschied nehmen wie „sich uf französisch drücken".

Pomade. Red. „Is mir Pomade" d. i. gleichgültig. Pomadig, gelangweilt, blasirt. — Die gleichgültige Ecke heißt die Ecke der Jäger- und Oberwallstraße, weil auf der einen Seite Alles Pomade (Treu und Nuglisch) ist, auf der andern Alles Wurscht (Niquet) und Alles Jacke wie Hose (S. d.) (Kleiderhandlung von Landsberger).

Pomadenhengst, Stutzer.

Pomeranze. „Wächst mir hier 'ne Pomeranze?" d. h. Rede mir doch nichts vor.

Pomeranzen—Pomeranzen, Nachahmung des Klanges der Domglocken. Vgl. Kümmelanis.

Pompiek für pompös, prächtig.

Ponnylocken, über die Stirn gekämmte Haare.

Popeln, sich die Nase mit den Fingern reinigen. Darauf bezieht sich die Redensart: „Bei Popels is heute Ball."

Poplig, elend.

Porzellanfuhre, Droschke mit einem Pärchen. Porzellan fahren, vorsichtig fahren.

Posámenthier, Posamentier.

Posen, federn. In de Posen jehn, zu Bett gehn.

Posten. 1) Menge. „Er kann 'n jehörijen Posten verdragen." 2) corpulentes Frauenzimmer.

Postschwede, Postbeamter.

Poten (auch Potentaten), Füße.

Potsdamer, dummer Mensch, im Gegensatz zum Berliner. Auch als Gegensatz zum Nassauer: der Potsdamer bezahlt und hat nichts davon. — Potsdemlich.

Potsdorf, Potsdam.

Power, ärmlich, nicht anständig.

Prachern, betteln. Pracherstolz, Bettelstolz.

Präsentirteller. „Wir sitzen hier wie uf'n Präsentirteller" d. i. allen Blicken ausgesetzt.

Prampiren, mit ungeduldigen, hartnäckigen Bitten lästig fallen.

Predijer. Red. „Zweemal predigt der Predijer nich!" (wenn man das Gesagte nicht wiederholen will.)

Pree, das, Vorrecht.

Premorando, pränumerando. — Auch Postmorando.

Prepeln, essen.

Prezel, Brägel. Red. „Det is mir 'ne Prezel!" d. i. ein Räthsel.

Priemen. 1) Taback kauen. 2) wie prümen, schlecht nähen.

Prise. „Det is 'ne eijene Prise"

d. i. man muß vorsichtig mit ihr umgehn (von einem Frauenzimmer).

Pritzel, Krümchen, bischen.

Productenjeschäft, Lumpenhandel.

Prökeln, knistern, vom Braten.

Proffentiren, profitiren.

Proppen, Pfropfen; häufig auch Kropfen und Propfen, niemals Pfropfen. Red. „Er is (sitzt) uf'n Proppen" d. i. in Verlegenheit. — S. a. Krufe.

Proppenbruder (oller), Schimpfwort.

Propper, sauber.

Prost. „Die janze Prost Mahlzeit", die ganze Bescheerung. „Prost Neujahr — acht Jroschen her!" — Prost sagt der Gymnafiast für Adieu (Morjen für Guten Tag).

Prosten. „Er wird ihn wat prosten!" d. i. ihn abfallen lassen. Vgl. Husten.

Protze, reicher Prahler. Protzig.

Prudeln, schlecht stricken. Ein Prudel. Prudelei. Verprudeln.

Prümen. S. Priemen 2.

Prumpfen, pressen.

Pruschen, blasen. Einem Wasser in's Gesicht pruschen. Lospruschen. Wer unterdrücktes Lachen nicht länger halten kann, pruscht los.

Puckel, Rücken. Red. (höhnisch) „Du kannst mir'n Puckel lang rutschen!"

Puckelblau, in der Apotheke zu holen, wie Mückenfett. (S. d.)

Puckelmappe, Schulmappe in Tornisterform.

Puckern, pulsiren.

Pucklig. Sich pucklig lachen. — „De janze pucklije Freundschaft."

Pudel. Red. „Er zog ab wie'n be-
joffner Pudel."
Pudeln, schlecht schwimmen.
Puffschnute, wie Flabbe, Flebbe,
Flunsch, Limpe und Schippe.
Pulle, Flasche. Dimin. Pülleken.
Red. „Det war'n Schluck aus de
Pulle" d. i. ein guter Bissen.
Pullezei, Polizei.
Pult, der.
Pulwer, Geld.
Pumpen, borgen.
Pumphosen, Kinderhosen.
Pumplig, schlecht sitzend, von Klei-
dern.
Punktum! Stren Sand rum (druf)!
Punschklinke, Leibrock.
Puppe, Bildsäule. Daher die Redens-
art: „Bis in de Puppen" von den
Bildsäulen, die früher am großen
Stern im Thiergarten standen. (G. W.
385 f.) Red. „Er läßt alle Puppen
danzen" d. i. Alles draufgehn.
Puppenbrücke, Schloßbrücke.
Puppendreck. „Ick soll wol hier
zu Puppendreck frieren?" — „Den
ha'm se zu Puppendreck jehaun!"
Puppenlappen, Zeugfetzen für
die Puppen kleiner Mädchen.
Purzeln. Red. „Wat purzeln soll,
det purzelt doch!"
Puschel, Quaste. „'n Baschlik mit
'ne joldne Puschel." 2) fixe Idee, ge-
linde Verrücktheit.
Pussade (Poussage), Liebste;
pussiren, den Hof machen. Eig.
studentisch.
Pustblume, die in Samen ge-
schossene Butterblume. (S. d.) Die
Kinder blasen („pusten") einmal stark
auf die Fasern; bleibt keine am
Stengel, so bedeutet es, daß sie ein
Geschenk erhalten werden.
Puste, Athem. „Mir jeht de Puste
aus."

Pusten, vom Ofen, Hitze ausströmen.
Pustrohr, Blaserohr. Pustrohr-
karten heißen die neuen Rohrpost-
karten. Man schreibt sich per Pust-
rohr.
Putt putt. Geld (weil man beim
Geldzählen dieselbe Fingerbewegung
wie beim Locken der „Putthühner"
macht). „Der hat Putt putt."
Puttasir (Puttamesir)-trom-
mel, Botanisirbüchse.
Putz. Red. „Der Putz hackt nich"
d. i. die Entschuldigung wird nicht
geglaubt.
Putzfuzel, Putzmacherin.
Putzig, komisch. 'ne putzije Kruke
(von Menschen).
Putzmamsell, Putzmacherin.
Putzstube. S. Jut l.
Puzel, kleines Wesen. „Mein
Puzelken", Liebkosung.
Puzeln, sich in Kleinigkeiten zu
schaffen machen. Puzelig. Puzel-
fritze.

Q.

Quabblig, weich, rundlich, be-
sonders von Frauen.
Quack, kleiner Kerl.
Quackeln, unnütze Redensarten
machen. Quacklig, Quacke-
lei, Quackelfritze.
Quackern, mit Geräusch kochen.
Quaddeln, unnütz reden. Quad-
delei.
Quadratlaatschen, große Füße.
Quängeln, klagen, mißmuthig
reden. Quängelei, Quänge-
lig, Quängelfritze, Quän-
gelliese.
Qualmen, dummes Zeug reden.
Qualmtute, olle, Schimpfwort.
Qualster, ausgespiener Schleim.
Quappe, Ohrfeige.
Quark, Dreck, schlechte Sachen.

Quarkspitzen! Unsinn!

Quarren, schreien.

Quartal. Red. „De Schäfer haben wol Quartal?" (wenn Einer fortwährend pfeift.)

Quatsch, albern. Quatschliefe, Quatschmichel.

Quatsche, Ohrfeige.

Quatschen. 1) Unsinn reden. 2) von dem Geräusch, das eine nasse Wiese, ein Sumpf unter dem Tritt macht. Auch von dem Geräusch einer Ohrfeige.

Quatschenaß, wie patschenaß.

Quatschkopp. Quatschkopp mit Saucel (auch Quatsch mit Saucel)

Quatschkübel, wie Quatschkopp.

Quazeln, viel und thöricht sprechen. Quazelei. Quazelig. Quazelkopp. Iequazel. Quazelfritze. Quazelliese. Quazelpeter.

Querüber. Red. „Ja ja, mein lieber Querüber!"

Quese, Blase. Quesenkopp, verrückter Mensch.

Quetschkattoffeln, Rührkartoffeln.

Quienen, siechen, in der Red. „Er quient blos noch so rum" (in folge von Krankheit).

Quietschen, kreischen.

Quiste. In de Quiste jehn, verloren gehn.

Quitschenaß, wie quatschenaß.

Quurksen vom Geräusch des Wassers in den Stiefeln. Auch „Et quurkst mir in Bauch."

R.

Rabattentreter, große Stiefel, auch große Füße.

Rachenputzer, scharfer Schnaps, saurer Wein.

Rackerig, heftig.

Rackerlatein, Kauderwelsch.

Racksen, arbeiten. „Er hat sich wat zusamm' jerackst."

Rad, Räder, Thaler. — Red. „Komm nich unter de Räder!"

Radau, Lärm, Unfug.

Radaumütze, Art Mütze, früher Louismütze genannt. „Anjust mit de Radaumütze!"

Radehacke. „Er is besoffen wie 'ne Radehacke."

Radschlagen. Red. „Det is zum Radschlagen!" (vor Aerger, aber auch vor Vergnügen).

Räsonniren wie'n Kutschpferd.

Räubern, stehlen. (Im Studentenjargon auch aufschneiden.)

Räubersprache (auch Rorsprache genannt) besteht darin, daß jeder Consonant verdoppelt und ein o dazwischengesetzt wird; fenster heißt in dieser Sprache: fote non fos tot e ror. In andern Kindersprachen heißt dasselbe Wort: fenst henst le fenst er her le fer und fensterwidewenster la tinka katenster.

Rage (rage). In Rage sein, aufgeregt sein.

Rahm, Ruß.

Rahmen. „Et rahmt in de Küche", von umherfliegenden Kohlentheilchen.

Rahmen (Bilderrahmen). Plur. die Rähme.

Rahmig. 1) Rußig. 2) Bezecht.

Rahmkater, schmutziges Kind; Frauenzimmer.

Rahmröhre, Cylinderhut.

Ramme. Red. „Immer ran an de Rammel" (an die Arbeit). Auch:

Stehn wie 'ne Ramme, sehr
eng stehn.
Rammeln, rütteln; z. B. an einer
Gitterthür rumrammeln.
Ramponirt, beschädigt.
Ramsch, Rest. Der janze Ramsch.
Etwas in Ramsch kaufen, d. i.
in Pausch und Bogen.
Ramschen, Rester kaufen, auch
hastig an sich raffen.
Ramsnese, krumme Nase.
Rand. Aus Rand un Band
sein, ausgelassen sein.
Rand, für Mund. „Halt 'n Rand!"
Randal, Skandal.
Ranhalten, sich, sich dazu-
halten.
Ranjehn. „Da jeh ick nich ran"
d. i. das wage ich nicht, damit lasse
ich mich nicht ein.
Ranschlängeln, sich, sich
nähern.
Ranschmeißen, sich, sich an-
drängen.
Ranzen, wild tanzen.
Rapen, raffen. Ufrapen. Zu-
sammenrapen.
Rappeln. Red. „Bei dir rappelt's
wol?" (bist wohl verrückt?) Rapp-
lig. „Er hat'n Rappel"
(auch Raps, Raptus).
Rasaunen, lärmen.
Rasselbande, böse Gesellschaft.
Rattenverjifter, schlechter
Schnaps.
Ratze, Ratte. S. auch Kegelspiel.
Ratze(n)kahl, radical.
Rauch·du·sie, schlechte Cigarre.
Rauhe, Mauser. Sich rauhen,
mausern.
Raupen. Raupen in Kopp
haben, d. i. sonderbare Einfälle,
leichtsinnige Streiche.
Raus, hinaus und heraus. Ebenso
rin, ruf, rum, run, runter, rüber.

Red. „Det hat er raus" d. i. das
versteht er. „Et jibt wat raus" d. i.
Keile. Raus davor! d. i. heraus
mit der Sprache!
Rausbeißen. „Er beißt 'n Jebildeten raus" d. i. er will zeigen,
daß er gebildet ist.
Rausbleken, die Zunge, (heraus-
strecken). „Er hat mir de Zunge
rausjebleckt."
Rausekeln, wie rausjraulen.
Rausflitzen, hinausfliegen.
Rausjraulen, durch Reden ver-
scheuchen.
Rauskommen. Red. „Dabei
kommt nischt raus" d. i. das nutzt
nichts. „Wat wird'n da jroß bei
rauskommen?"
Rauskrepeln (kröpeln), lang-
sam herauskriechen.
Rauslootsen, herausholen, von
Menschen.
Rausmachen, sich, schöner, an-
sehnlicher werden. Ebenso
Rausmustern, sich.
Rausreißen. Red. (ironisch) „Det
kann mir jrade noch rausreißen!"
d. i. retten.
Rausrücken, hergeben.
Rausstenzen, hinausstoßen.
Rauswutschen, hinaushuschen.
Re für retour, nur vom Gelde. „'n
Sechser re!"
Recht. Red. „Da haben Sie wieder
Recht!" (versöhnliche Einlenkung im
Meinungsaustausch.")—„Der Mann
hat Recht — schmeißt 'n raus!"
Rede. 'ne Rede reden für hal-
ten. — Red. „Verjessen Se Ihre
Rede nich!" wenn man Jemand un-
terbricht.
Reden. Red. „Du kannst lange
reden, eh' mir'n Wort jefällt!"

Redensarten. Jemand mit Redensarten besoffen machen (betäuben). — Redensarten für Schimpfwörter. „Allens laff' ick mir jefallen — man blos keene Redensarten nich!" ·

Reene oder **reeneweg**, rein, geradezu, gänzlich „Et is reene all." „Det hab' ick reene verjessen." „Er is reeneweg verrückt."

Reetzenjasse, früher noch mehr als jetzt von Schuhmachern bewohnt (der Theil der jetzigen Parochialstraße zwischen der Jüden- und der Spandauerstraße). „Philosoph aus de Reetzenjasse."

Rehberjer, 1848 Arbeiter, die auf den Rehbergen vor dem Oranienburger Thor Sand karrten. Jetzt besonders rüdige Jungen und Lehrlinge aus der Oranienburger- und Hamburger Vorstadt.

Reff, altes, altes Weib.

Reinfallen. S. Rinfallen.

Reinlichkeit. „Der Reinlichkeit wejen!" (bei Abrundung einer Summe.)

Reißen. „Det reißt in't Jeld" wie „Det looft in't Jeld."

Reißmatismus, Rheumatismus.

Reizendschön, sehr schön.

Rejuleer, immer. „Er is rejuleer besoffen."

Rekeln, sich, sich recken, sich ungeschliffen hinlegen. Ein Rekel (auch Rakel).

Remmel, Fleischwulst, besonders an Armen und Beinen kleiner dicker Kinder.

Rempeln, sich, sich im Begegnen stoßen.

Rendlich, reinlich. Red. „Rendlichkeet is't halbe Leben."

Renne, Rennsteen, Rinnstein.

Rennsteenklauer. Red. „Sie haben wol lange nich in de Renne jelegen?" Vgl. Josse.

Rennsteenstipper, Kaisermantel.

Reservoir. à réservoir für à revoir.

Rester, Reste (von Stoffen). Resterhandlung.

Retour, zurück. „Er is in seine Verhältnisse sehr retourjekommen." „Sechs Dreier retour!"

Retourkutsche, Erwiderung, Vorwurf, Schimpferei in denselben Worten. Sie fahren nur Freitags.

Revolverschnauze, schamloses, freches Maul. Ebenso Mitrailleusenschnauze.

Rhinoceros (olles), Schimpfwort.

Ribben, Rippen. Red. „Ick kann't mir doch nich aus de Ribben schneiden!" — Durch de Ribben schwitzen, vergessen.

Riebe, Rübe. 'ne nette Riebe, ironisch.

Riechen. Red. „Det kann ick doch nich riechen" (wissen). — „Det riecht hier so nach arme Leute" d. i. dumpfig.

Riecher, Nase. 'n juten Riecher haben d. i. zu etwas Gutem (meist Essen und Trinken) unerwartet zur rechten Zeit kommen.

Riechkolben, große Nase.

Riedig, roh, frech. „Riedig bis uf'n Knochen." — Riedigkeit.

Riesig, sehr.

Rietsche, Riesche (ruche), Besatz am Frauenhut; auch der Hut selbst.

Riez. Red. „Riez, Mutter, de Landwehr kommt!" Auch: „Riez, Mutter, de fink' is dodt!" (Text zu dem Marsch, den die Trommler vor der Musik spielen.)

Rin. „Rin in 'n (nord-) deutschen

5

Bundl" „Immer rin in's Der-
jnäjen!"
Rindfleisch. Red. „Mein Jloobe
is: sieben Pfund Rindfleesch jeben
'ne jute Suppe." — S. auch Ochse.
Rindskiekel, wie Ochsenkiekel.
Rinekeln, sich etwas, ironisch vom
Essen und Trinken. „Det schmeckt
Ihnen wol so?" — „Na — man
ekelt et sich so rin."
Rinfallen, durch Selbsttäuschung
oder Täuschung durch Andere Schaden
erleiden. Auch für hineingerathen
(in eine Kneipe, besonders spät in
der Nacht). Rinfall oft für
Verlobung.
Rinjeritten, rinjefahren!
Red., wenn man verloren hat und
noch mehr aufs Spiel setzt.
Rinlejen, besiegen; reinfallen
lassen.
Rinrasseln, wie rinfallen.
Rinreiten, in Schaden bringen.
Rinschlibbern („Ick bin furcht-
bar rinjeschlibbert")wie rinrasseln.
Ebenso
Rinsengeln (auch rinsejeln).
Rinseuken, reinfallen lassen.
Rinsinken, reinfallen. „Er is
höllisch rinjesunken."
Rinsteijen (in de Weiße), zu
trinken anfangen.
Rippeln, sich, sich rühren. „Du
rippel' dir!"
Riskiren. Red. „Ick riskir' de
janze Miethe" d. i. ichsetze Alles aufs
Spiel. Eenen riskiren,trinken.
„Riskirt der aber 'ne Lippe!" d. i.
spricht der aber laut (oder kühn).
„Na — een Ooge riskir' ick
(setz' ick dran)!" (wenn man nach
etwas Verbotenem sieht.)
Risse. 1) Prügel. 2) Risse in'
Kopp haben, d. i. schlaue (auch
tolle) Anschläge.

Ritzeuschieber, Geleisereiniger
bei der Pferdebahn.
Röhre, Raum zum Wärmen im
Ofen. Red. „Er kiekt in de Röhre"
d. i. er hat das Nachsehen. Röhre
auch für Rohr. Kanonenröhre.
Röste, die, Rost im Ofen.
Roggen für Rogen. Es giebt
milcherne und roggene, d. i. männ-
liche und weibliche Heringe.
Rohrsperling. „Er schimpft wie'n
Rohrsperling."
Rohrstuhl. Von einem Pocken-
narbigen sagt man: „Der hat mit's
Jesichte uf'n Rohrstuhl jesessen."
Vgl. Erbsen.
Role, Robert.
Rolle, Mangel. Englische Drehrolle.
„Ick jeh' uf de Rolle."
Rolle. Red. „Jeld spielt keene
Rolle." Vgl. Jejenstand.
Rollmops, gerollter Hering in
Essig.
Rollo für Rouleaux.
Rom. Red. „Uf den kann man nach
Rom reiten" (von einem stumpfen
Säbel).
Rooch. Red. „Det kannste man in'
Rooch (auch: in' Schornstein) schrei-
ben!" d. i. davon bekommst du sicher-
lich nichts wieder. — Rooch
schnappen, das Nachsehen haben.
„So? — un ick schnappe Rooch?"
Roochen. Red. „Wie det roocht!"
d. i. das ist aufgeschnitten.
Roocherig, rauchig.
Roochen. „Mir roochert so" d. i.
ich möchte gern rauchen.
Rosinen. Red. „Er hat jroße Ro-
sinen in' Sack" d. i. große Ent-
würfe.
Rosinenmann, Figur aus Ro-
sinen für Kinder.
Roth. Drohung: „Haft wol lange

keen Berliner Roth jesehn?" (d. i. Blut.)
Rothe Sauce, auch rothe Suppe, Blut.
Rotz. „Er weent Rotzblasen." „Er weent Rotz un Wasser." Rotzlappen, Taschentuch. Rotzlöffel, Rotznese, Rotztrompete, olle Rotztulpe, Schimpfwörter. — Einem Rotz uf de Backe schmieren, d. i. ihm schmeicheln.
Rrrr, 'n ander Bild! (von Glaßbrenner).
Rubbeln, reiben.
Rudel, Rudolf.
Rückeln, hin und her rücken (z. B. mit dem Stuhl).
Rücken. 1) heimlich ziehen. Rückkompagnie. 2) wie rühren: „Ihr rückt un rührt euch nich!"
Rücken. Red. „Ick denke, ick soll uf'n Rücken fallen!" (vor Staunen). — Jemanden mit'n Rücken ansehn.
Rüde. Red. „Rüde, aber praktisch!" Aus der Posse „Der Löwe des Tages" von Wilken.
Rührend. Red. „Et is rührend, wenn man dran wackelt."
Rüster, Lederflecken am Stiefel. Von dem Standbild Friedrich Wilhelms III. im Thiergarten (von Drake) herrscht die Ueberzeugung, der Bildhauer habe die Sparsamkeit des Königs durch einen Rüster am Stiefel andeuten wollen. Die Stelle ist aber ein dunkler Fleck im Marmor.
Ruhe. Red. „Ruhe in Saal! Jroßmutter will danzen!"
Rujeniren (auch rungeniren), ruiniren.
Rumboddern, in aufgeweichtem Boden gehen.

Rumbringen, unter die Leute bringen.
Rumdollen, wild umherlaufen, ausgelassen spielen.
Rumdreiben, sich, sich herumtreiben. Rumdreiber.
Rumfuchteln, herumschwingen (z. B. mit einem Stock).
Rumjachern, herumjagen.
Rumkrebsen, mühsam gehen, herumschleichen.
Rumkriejen, überreden.
Rummel, Aufregung, Festlichkeit. Auch für Geschäft: „Der versteht den Rummel."
Rumoren, rumrumoren, sich geräuschvoll hin- und herbewegen.
Rumpelkammer, Kammer für altes Geräth.
Rumpelkasten, alter Wagen; besonders Leichenwagen.
Rumpeln, geräuschvoll fahren.
Rumrabatzen, wild spielen (z. B. von Kindern auf dem Sopha).
Rumschnökern (auch schnickern), herumsuchen. Ebenso
Rumschnüffeln.
Rumschwuddern, liederlich leben.
Rumstrolchen, herumschweifen.
Rund. Red. „Schlafen Se rund, det Se nich eckig werden!" (Abschiedswunsch.)
Runterekeln, wie rinekeln.
Runterhauen, Einem eine (scil. Ohrfeige). Ebenso
Runterlaatschen und runterlangen.
Runtermachen (auch runterreißen), ausschelten. Vgl. Dreck.
Ruppig, unanständig. Ruppije Puppe.
Ruppsack, ruppiger Mensch.
Rutschen, reisen. Einen Rutsch machen. „Jlücklichen Rutsch!"

Rutſchpartie, das Herunter-
gleiten an einem Abhang, einem
ſandigen Hügel u. ä.

S.

Sabber. 1) Speichel. 2) Rückſtand
in der Pfeife. Sabberpichel.
Sabbern. 1) vom Speichelfluß bei
Kindern. 2) Viel reden. Sabber-
lieſe.
Sache. Red. „Man ſoll nich ſagen,
wat 'ne Sache is.“ — „Sie wer'n
mir doch nich ſagen, wat 'ne Sache
is!“ — „Det is ſonne Sache!“ d. i.
das iſt ſchwer zu entſcheiden.
Sachte. Immer ſachte weg
(beſonders vom Regen). — So ſachte
weg auch auf die Frage Wie geht's?—
„Na man immer ſachte!“ — Det
duht nich ſachte“ d. i. es iſt ſchmerz-
haft. — Red. „Et hat uffjehört —
mit ſachte rejen (regnen).“ — Adv.
Sachteken.
Sack. „Du bringſt 'n Sack voll Kälte
mit!“
Sackjrob, ſehr grob. Sackſiede-
jrob.
Sackſtrippe. Beſoffen wie 'ne Sackſtrippe.
Säbeln. S. Sebeln.
Saftig, derb. 'ne ſaftije d. i.
Ohrfeige. — Oft für unanſtändig,
von Geſchichten.
Sage, Säge. Sagebock. Sagemann, auf dem Weihnachtsmarkt
(Vers: „Un der luſtje Sagemann,
mit 'ne Kugel unten dran“, eig. aus
einem Weihnachtsliede). Sageſpene.
Sagen. Holz ſagen, ſägen.
Sagen. „Wat ſagſte nann?“ „Na
wat ſagſte denn dazu?“ „Wat ſagt
der Menſch (dazu)!“ Sehr häufig iſt
die Entgegnung: „Sagen Sie das
nich!“ und die Einleitung bei einer

unwahrſcheinlichen Angabe: „Wat
ſoll ich Ihnen ſagen!“ — „Na ick
ſage ooch!“ (Ausdruck der Ent-
rüſtung.) — „Ick habe mir ſagen
laſſen“ — d. i. ich habe gehört.
Salat. Red. „Da ha'm wir'n Salat!“
d. i. die Beſcheerung.
Salm (von Pſalm), Rederei.
Salviette, Serviette.
Salwei, Salbei.
Salz. Red. (Antwort auf die Aeuße-
rung: „Mir hungert ſo“) „Leck Salz,
denn durſcht dir!“
Salzketer, Salzkuchen.
Salzkuchen, Spindeluhr.
Sand. Red. „Sand reinigt 'n Magen!“
(wenn z. B. ein Butterbrot in den
Sand gefallen iſt.)
Sandkracke (auch Sandkrücke),
altes Pferd.
Sandkule, Sandgrube.
Sandmann. „Wat is'n dein Vater?“
— „Sandmann!“ (d. i. er iſt todt.)
Sanfter Heinrich, ſanfter Menſch;
auch für Schnaps.
Sankriſtei, Sacriſtei.
Sardellenſemmel, Glaße mit
einzelnen darübergekämmten Haar-
ſtreifen.
Sarg, das.
Satte, Napf, beſonders für dicke
Milch. Milchſatte. Reibe-
ſatte.
Sau. Red. „Eene Sau is ſatt!“
(wenn Einer „uffſtößt“, d. i. rülpſt.)
Saubande, unanſtändige Geſellſchaft.
Sauber, ſchön, famos. Ein Junge
ſpricht mit dem andern über die
„Paſtorſtunde“ und ſagt: „Anjuſt,
ſage doch deine Mutter, ſe ſoll dir
bei Diedebandten ſchicken, der ſejent
ſauber in!“
Sauce. „Die janze Sauce“, die ganze
Angelegenheit.

Sauer. Red. „Det kannste dir sauer kochen" d. i. behalten. — „Det wird dir sauer uffstoßen" d. i. schlecht bekommen.

Saufdemel, Säufer.

Saufraß, schlechtes Essen.

Saufsack, Säufer.

Saujrob, sehr grob.

Saufpieler, schlechter Schauspieler.

Sanwetter, schlechtes Wetter.

Sauzahn, Cigarre.

Schabbesdeckel (jüd.), der beste Hut.

Schabracke, Frauenkleider.

Schacht, Keile. Schulausdruck.

Schade. S. Vorbeijehn.

Schaden. Einen Schaden kuriren. Red. „Thun Se sich man keenen Schaden!" d. i. bilden Sie sich nichts ein. — „Un wie Jott 'n Schaden besieht —".

Schäfken aus Wolle, Spielzeug, von Kindern um die Weihnachtszeit ausgeboten: „'n Dreier 't Schäfken!"

Schafkopp, Kartenspiel. Red. „Denkste denn, du kannst Schafkopp mit mir spielen?" (du darfst mir Alles bieten?)

Schafleder. Red. „Er reißt aus (flieht) wie Schafleder."

Schafsdemel, wie Schafskopf.

Schaffinnig für scharffinnig.

Schafsnese, Schimpfwort.

Schagebriefchuh (Serge de Berry), Zeugschuhe.

Schalee, Gelée. „Wer schmeißt da mit Schalee?" (Ausruf, wenn man „anjeulkt" wird. Vgl. Lehm.)

Schalon, jaloux, eifersüchtig.

Schampeln, hinter die Schule gehn.

Schandschnanze, freches Maul.

Schaniren, sich, sich geniren.

Scharnhorst. Von seiner Statue am Kastanienwäldchen, wo die Wachtparade spielt, heißt es, er sage: „Hör' mal die schöne Musike!" (er hält die

rechte Hand nah ans Ohr.) Vgl. Blücher, Brandenburg, Stein.

Schaffee, Chaussee. Auch Schossee.

Schaffee an de Wand beim Contretanz: chassez en avant.

Schaffeetreter, große Stiefel.

Schaffen, von der Schule wegjagen.

Schau, scheu.

Schauderös, schauderhaft.

Schauerlappe (Schauerwisch), Schauerleiste, Schauermatte, von

Schauern, scheuern.

Schauerrohr, Abfälle vom Stuhlrohr, zum Scheuern benutzt.

Schaute, (jüd.), dummer Mensch.

Schantig.

Scheckig. Sich scheckig lachen.

Scheen. S. schön.

Scheerenschleifer. Diese haben auf der Straße den Ruf: „Haben Se nischt zu schleifen — Rasirmesser, Tischmesser, Hackemesser, Wiejemesser, Scheeren!"

Scheibel euphemistischer Ausdruck der Verneinung und Abweisung. „Scheibe, mein Herzken!" Ebenso Scheibenschießen!

Schelle, Ohrfeige.

Schemmel, Schemel.

Schemmelbeene, in der Verbindung: Fricassée mit Schemmelbeene.

Schenirt. Red. „Er hat'n schenirten Blick" d. i. er schielt.

Scherbel, Scherbe.

Scherbeln, tanzen.

Scherfant, Sergeant.

Scheundrescher. Red. „Er frißt wie'n Scheundrescher."

Schicht machen, eine Pause machen, aufhören.

Schicker (jüd.), betrunken.

Schickfel (jüd.), Jüdin.

Schiddebold (auch Schillebold), die große Libelle.

Schieben, gehen. „Da schiebt er lang."

Schiebung, Mache, Intrige.

Schied-unter. „Ein jroßer Schied-unter" (Unterschied).

Schief. Sich schief lachen. Schief jeladen, betrunken. Schief jewickelt. „Wenn de det denkst, denn bist schief jewickelt."

Schiel, schielend, scheel. Schieler Hund. Schiele Wippe.

Schießen. 1) stehlen. 2) abgehen, als Schulausdruck: „Kannst schießen!" „Den hab' ick schießen lassen!" S. Schuß.

Schießhund. Aufpassen wie 'n Schießhund.

Schießzettel. S. Schmuzettel.

Schifffahrt. Red. „Jott seine de Schifffahrt!" wenn Jemand einen großen Zug aus der Weißen thut; früher waren in Neu-Kölln am Wasser Weißbierlokale, über denen unter einem gemalten Schiff „Gott segne die Schifffahrt" stand.

Schildereien, Bilder.

Schildplatt, Schildpatt.

Schiller. „Ein Jedanke von Schiller!" d. i. ein vortrefflicher Einfall.

Schimpfe, Schelte.

Schimpfen für schelten. Part. je-schumpfen, z. B. „Was hat denn dein Vater jesagt?" — „Er hat je-schumpfen." Sich schimpfen, sich einen Titel unrechtmäßig beilegen. „Er schimpft sich Doktor." Auch: „Er läßt sich schimpfen."

Schinden, quälen.

Schinder. Red. „Det heeßt ooch 'n Schinder de Keule abloofen" d. i. über den Kopf bezahlen.

Schinderkule, Schinderei.

Schindluder spielen, mit Je-mand, ihn grob verhöhnen.

Schippe. 1) Spaten. 2) Flunsch. 3) „Er winkt Schippen" d. i. er lehnt ab.

Schkandal. 1) Aergerniß. 2) Lärm.

Schlaaks, langer, ungeschickter Mensch.

Schlabberig, wässerig (getauft), von der Milch.

Schlachten nach, ähnlich werden. „Er schlacht nach seinen Vater."

Schlafbursche, der eine Schlaf-stelle bei anderen Leuten gemiethet hat. Diese heißen Schlafvater, Schlafmutter, Schlafleute.

Schlafittchen, auch Klafittken, Rockkragen. Jem. b'ei't Schlafitt-chen kriejen. S. Kanthaken.

Schlag. „Wat krieg' ick'n davor?" — „'n Schlag mehr wie sonst!"

Schlampampe, altes Weib.

Schlampampen, schwelgen.

Schlampanjer, Champagner.

Schlau ironisch für schlecht; z. B. beim Aufziehen einer Flasche: „Det is 'n schlauer Proppen!"

Schlauberjer, Schlaukopf.

Schlawake, Slowake.

Schleech jemessen, schleejes Maß, d. i. nicht gehäuft.

Schlesinger, Schlesier.

Schleudern, den Schlitten beim Umbiegen heftig herumwerfen.

Schlidderbahn. 1) Bahn zum Schliddern. 2) Kinder wischen sich die Nase mit dem Aermel ab. Der dadurch mit der Zeit entstehende lange, glänzende Streif heißt Schlid-derbahn.

Schliefig, auch schliepig, wässerig von Kartoffeln, was auch feefig heißt.

Schlimm, wund. 'n schlimmer finger. Det Schlimme. Ich

habe was Schlimmes. — „Da is er schlimm druf" d. i. das hat er gern.

Schlitten. Untern Schlitten kommen, d. i. verunglücken.

Schlitze, die, Schlitz am Kleid.

Schlorren, Hausschuhe.

Schlorrendorf, Schalotten-burg, Charlottenburg. S. auch unter C.

Schlossertele. „Er heult wie 'ne Schlossertele (wie'n Schloßhund.)"

Schloßwache. Red. (bei einem miß-rathenen Witz) „Zehn Mann von de Schloßwache mit Bajonett zum Kitzeln abkommandirt!"

Schlucken. „Det hat der wieder jeschluckt!" wenn Einem viel Geld o. ä. zufällt.

Schluckspecht, gieriger Mensch.

Schluckuf, Schlucker, Schlucken.

Schlummerkopp, träger, dummer Mensch.

Schlumpsig (auch schlumpig), liederlich, von Frauenkleidern. Eine Schlumpe. Schlumpliese.

Schlung, Kehle. Einen bei'n Schlung kriejen. „Er kann 'n Schlung nich voll jenug kriejen."

Schmachtriemen, Lederriemen als Gürtel.

Schmackeduzjen (Schmacke-duzken), Blüthen einer Schilfart, wie Bumskeule.

Schmaddern, schmieren. Schmad-derig. — „Er is jeschmaddert" d. i. getauft (von einem Juden).

Schmalzamor, dicker Mann.

Schmalzkopp, Mensch mit einer Perrücke.

Schmalzlerche, Pfannkuchen.

Schmatz, Kuß.

Schmatzen, mit Geräusch kauen.

Schmecken. Red. „Wohl dem, dem't schmeckt un hat nischt!"

Schmehlich (schmählich), groß, lang, sehr, bei Derben und Adjectiven.

Schmeißen, werfen (auch beim Ringen; vgl. Lejen). Sich uf etwas schmeißen, d. i. legen.

Schmerz. „Ooch der Schmerz!" — „Schmerz, laß nach!" („Faulheit, laß los!") beim Rekeln. — „Ha'm Se sonst noch Schmerzen?" für: Wollen Sie noch etwas? (G. W. 166.)

Schmettern (einen), trinken.

Schmiere. 1) Keile. 2) Masse. „De janze Schmiere."

Schmierfinke, die, unreinlicher Mensch.

Schmisse, Prügel.

Schmöker, alter Ritter- oder Räuber-roman. Auch für Klatsche.

Schmökern, lesen, bes. alte Bücher lesen.

Schmolen; schmoren. Schmol-topp.

Schmu (jüd.), Betrug. Schmu-jroschen. Schmu machen (beim Einkaufen).

Schmuddelig, schmutzig.

Schmulappen behalten die Schneider.

Schmusen, reden. Klugschmus.

Schmustern, munkeln. „In Dustern is jut schmustern."

Schmuzettel, Zettel zum Absehen. Schmausdruck.

Schnabbern, schwatzen. Schnabbe-rig. Schnabberliese.

Schnabel. Red. „Det is doch wat, sagt Schnabel." (Zusatz: „Drei Dage jeangelt un eenen Frosch jefangen!")

Schnabuliren, essen.

Schnabus, Schnaps.

Schnappen. Red. „Et hat je-schnappt" d. i. aufgehört.

Schnauze. Red. „Wenn Der mal stirbt, denn muß de Schnauze extra dodtjeschlagen werden." — Schnauzel Kategorisches Verbot, weiter zu reden, viel gewichtiger als „Halt' de Schnauze!"

Schnee. Red. „Un wenn der janze Schnee verbrennt!" (trotz alledem).
Zusatz: „De Asche bleibt uns doch!"
Schneekönig. Sich freun wie'n Schneekönig.

Schneeschipper, Schneefeger.
Schneet, es, es schneit. Red. „Danke, es schneet!" (für „es geht").

Schneiden, die Cour, d. i. den Hof machen.

Schneiden, sich, sich verrechnen.

Schneider, langbeinige Spinne (Weberknecht). — Red. „Immer rin, wenn's kein Schneider is!" — frieren wie'n Schneider. — „Sie is aus'n Schneider" d. i. über dreißig Jahr alt. Aehnlich: „Sie is hoch in de neunundzwanzig."

Schneiderkarpen, Hering. Auch für Plötze (schlechter Fisch, der von Aermeren [wie Karpfen und Bleihe von Wohlhabenderen] besonders am Fastnachts-, Weihnachts- und Sylvesterabend gegessen wird.)

Schniepel, Frack.

Schnippern, schnitzen.

Schnipfel, Schnitzel.

Schnitt, ein geschnittenes Seidel; wird dasselbe Maß in einem kleinen Glase gereicht, so heißt das ein Kind; wenn es ein Pokal ist, eine Tulpe.

Schnittloch, Schnittlauch.

Schnobben, schlafen.

Schnoddrig, frech. Schnoddrije Redensarten.

Schnorren (jüd.), betteln. Schnorrer.

Schnubben, wie schnobben.

Schnuddlig, nett, angenehm; z. B. 'n schnuddlijet Frauenzimmer.

Schnuppe, gleichgültig. „Mir is Allens schnuppe."

Schnuppern, beriechen.

Schnurren, aufschneiden.

Schnurrfeifereien, kleine, werthlose Gegenstände.

Schnurz, wie schnuppe.

Schnute, Mund; auch für Flunsch; Schnuteken (Kosewort). Red. „Schnuteken, det derfste nich!" (Refrain eines Tingeltangel-Couplets.)

Schnutenfejer, Barbier.

Schocklade, Chokolade. Red. „Nu nee — ick wer'n mit Schocklade bejießen!" d. i. ich werde ihn noch gut behandeln! (ironisch.)

Schockscharmanter, Geliebter.

Schön. Red. „Das war schon nich mehr schön!" — „Schöne raus (mit Siebzig un'n Freiloos)!" — „Das schmeckt schön" (für gut). — „Schönes Essen." — „Das jefällt mir schön." — „Wo jehst'n hin?" — „Wo't schön is!" — „Schöne Leute, schöne Sachen!" — „Da wirste schöne ankommen!" — „Schön jesagt — un noch viel schöner jedacht!"

Schönchen! gut, schön! (nur als Antwort). „Scheeneken!"

Schöpskriste, Schaf (Schimpfwort).

Schofel (jüd.), elend, gemein. Schoflig.

Schon. Nu schon mal ja nich, stärkste Verneinung. Z. B. „Wer soll'n de Rede halten?" — „Na du natürlich!" — „Ick nu schon mal janich!" — Schon für doch, endlich: „Nanu komm schon!" (eig. jüdisch.) — Schon mehr, beinahe. „Det is schon mehr verrückt."

Schonst, schon. Red. „Pietsch is det schonst jewohnde."

Schornsteinfejer-Akademie heißt das Palais des Fürsten Pleß in der Wilhelmstraße wegen seiner zahlreichen Schornsteine.

Schorschteen, Schornstein. Red. „Wovon soll der Schorschteen roochen?" Antwort, wenn bei einem Geschäft Einer dem Andern vorwirft, er wolle zuviel verdienen. — S. auch Roodh.

Schoschtenfejer, Schornsteinfeger.

Schoten, junge Erbsen. Auch für Knallschote, Ohrfeige.

Schpektakel, Lärm.

Schrapen. 1) schaben. 2) tanzen.

Schraube. „Verdrehte Schraube!" „Bei den is 'ne Schraube los" (in Folge dessen „rappelt" es bei ihm.) Olle Schraube, altes Frauenzimmer. S. auch Dito.

Schree, schräg. Comp. schreejer.

Schreibseckertär, Schreibbüreau.

Schreideibel, von kleinen Kindern. Ebenso Reißdeibel.

Schreien. Red. „Schreien hilft nich, Thatsachen beweisen!"

Schrejawi, vis-à-vis. Schree über.

Schrippe, Gebäck.

Schroff. Red. „Det woll'n wir nich so schroff hinstellen" d. i. nicht behaupten.

Schrubber, Schenerbürste mit langem Stiel.

Schrulle (sonst wie Puschel). Olle Schrulle, Schimpfwort.

Schrumm! fertig!

Schrumplig, runzlig.

Schubbern, sich, sich reiben, scheuern.

Schubs, Stoß. Schubsen, stoßen.

Schubstuhl. Eenen 'n Schubstuhl vor de Dühre setzen, d. i. ihm den Umgang aufkündigen.

Schuckeln, schaukeln, wackeln.

Schuddern, schaudern. „Et schuddert mir."

Schüchtern. Red. „Er is 'n bisken schüchtern uf de Oogen" d. i. er schielt.

Schuft heißt Jeder, der eine Bitte nicht erfüllen will. „Sei keen Schuft!" — „Sei nich schuftig!" — „Sonst bist 'n Schuft!"

Schuften, arbeiten.

Schule. Nach Schule jehn.

Schuljungs, Schüler.

Schummel, wilde Schummel, ausgelassenes Mädchen.

Schummerig, dämmerig. Schummerstunde.

Schunkeln, sich, sich schaukeln.

Schuriejeln, plagen, peinigen.

Schurren (mit de Beene), scharren.

Schuster. Red. „Ooch Schuster!" (wenn sich herausstellt, daß zwei denselben Stand, dasselbe Gewerbe haben.) — 'is jut Schuster!" d. i. sei nur ruhig.

Schusterbraten, Schmorbraten.

Schusterjunge, Salzkuchen.

Schuß! Schulansdruck: ich will nichts von dir wissen. S. Schießen. Red. „Nanu schuß an los! d. i. nun vorwärts. S. Losschießen.

Schwabbeln, schwatzen. Schwabbelei.

Schwach. Red. „Det is doch man schwach."

Schwachheit. Red. „Bilde dir man keene Schwachheiten in!" d. i. mache dir keine Illusionen.

Schwade. 1) Snada. „Halt' de Schwade!" — „Hat der Kerl 'ne Schwade!" 2) Haut (Schwarte). „Du krigst Hiebe, det de Schwade knackt!"

Schwadroniren, laut reden.

Schwänzen, hinter die Schule gehn.

Schwalbe, Einem eine Schwalbe stechen. (Ohrfeige.)

Schwalbenschwanz, Frack.

Schwamm, Masse. „Der janze Schwamm."

Schwapp — da ligt er.

Schwarte, altes Buch, besonders Klatsche. S. d.

Schwarze Wäsche, d. i. schmutzige.

Schwebelbande, schlechte Gesellschaft. (G. W. 387.)

Schwebelbolzen, Schwebelholz, Streichholz.

Schwede. „Oller Schwebel!" gemüthliche Anrede. Auch „Oller Schwedenkönig!" Schweden auch für Thaler und für schwedische Streichhölzer. — Postschwede, Postbeamter.

Schwein. 1) Glück. 2) Red. „Det kann ja keen Schwein lesen." — „'n jutet Schwein frißt Alles!" (besonders wenn Jemand eine Delicatesse verzehrt.) — „Wo ha'm wir denn schon zusammen Schweine je-hüt'?" wenn man unerwartet ge-duzt wird.

Schweinebraten, schlechter Kerl.

Schweinerei. 1) Schmutz. 2) Gemeinheit.

Schweinezucht, Unordnung.

Schwenken, von der Schule weg-jagen.

Schwer für sehr in der Red. „Ich wer' mir schwer hüten (ekeln)!"

Schwere Angst! Ausruf des Staunens. Ebenso

Schwerebrett! und

Schwereleedl—Schock schwere Noth!

Schwerenöther, Schlaukopf.

Schwibs, leichter Rausch.

Schwiemeln, bummeln. Schwie-melig. Schwiemler, Schwie-mel.

Schwiete, suite. „Er hat zwee Stunden in eene Schwiete jeredt" (hintereinander.) — „Er hat scheene Schwieten (Streiche) jemacht!" Schwietenmacher. Schwiet-jeh. — „De janze Schwiete" für Gesellschaft, Clique.

Schwindel, Sache, Angelegenheit. — Red. „Nu kann der Schwindel losjehn!"

Schwindelmeier, Schwindler, Lügner.

Schwitz, der, Schweiß im Zeug, Hut u. s. w.

Schwitzkasten, Omnibus.

Schwören für Schwären.

Schwoof, Tanz. Schwoofen.

Schwuddern, liederlich leben. Schwudderig. Verschwuddert.

Schwung. 1) für Ladenschwung. 2) Uf'n Schwung bringen, wie uf'n Drab bringen.

Schwul, schwül.

Schwuppdich, wie Wuppdich.

Schwupper, Fehler, Versehen.

Sebel, Säbel. Red. „Da kann man ooch mit'n Sebel durchhauen" (von dickem Tabaksqualm).

Sebeln, schneiden.

Sechsdreierrentier, ein Rentier mit sehr geringen Einkünften.

Sechse. Nasse (oder kalte) Sechse, wie „Spucklocke."

Sechser, Sachse. Kleener Sechser.

Sechserkarte, Postkarte.

Sechserstampe, niederes Tanzlokal, z. B. in Moabit.

Seebach. Red. „Er kommt wie Seebach um de Klöße" d. i. es entgeht ihm, er hat das Nachsehen.

Seefig. S. Schliefig.

Sehr. Sehr was Schönes statt: Etwas sehr Schönes. — Adjectivisch:

„Ick habe sonne schren Koppschmer-zen." Adv. Sehreken.

Seide. Red. „Seide spinnt er da ooch nich bei" d. i. er verdient nicht viel dabei.

Seifensieder. Red. „Nu jeht mir'n Seifensieder uf!" (d. i. ein Licht.) Auch: 'ne Jasfabrik.

Sein. „Ach Jott, sei doch nich sol" (scil. ungefällig). „Na warte man — ick bin mal wieder sol" — S. auch Sind.

Seite. Red. „Von der Seite kenn' ick Sie janich!"

Seitenjewehr, Ehefrau.

Seje, Säge. Red. „Er kommt mit de Seje uf'n Nagel (uf'n Ast)", (wenn Jemand beim Schnarchen mit der Stimme überschnappt.) Sejen, schnarchen.

Sejen. Red. „Det is'n wahrer Sejen!" — „Na meinen Sejen haste!"

Selber. Red. „Nu sagen Se mal selber!" d. i. Sie müssen mir doch zustimmen.

Selig. Red. „Wer't jloobt, wird selig." (Zusatz: „Wer't nich jloobt, kommt ooch noch dahin!")

Selter, eine, für eine Flasche Sel-terserwasser. Eine kleine Selter. Ein Jlas mit (d. i. Himbeer) und ohne.

Semmel. Red. „Et jeht ab wie warme Semmel" (findet raschen Absatz). „Det is wie bei'n Bäcker de Semmel!" d. i. fester Preis, kein Handeln. „Semmel, Hammel, Jacken-fett" sagen die Schulkinder für Sem, Ham und Japhet.

Semmelbeene, wie X-Beine, Bäckerbeine.

Semmelblond, hellblond.

Senf. Red. „Er muß überall seinen Senf zujeben" von Einem, der sich

in Alles mischt. Sonst braucht der Berliner nur Mostrich.

Senge, Prügel.

Sengerig, brandig, verdächtig. „Et riecht sengerig." „Hör' mal du, die Sache is sengerig!"

Servante, Glasschrank.

Setzen für geben. „Et setzt Keile."

Sexteckel, Sextaner. Schulausdruck. Danach auch Quinteckel und Quar-teckel.

Sibberoschen, Silbergroschen.

Sicherheitskommissarius, Mensch, der immer sicher gehen will. Vgl. Umstandskommissarius.

Sie. Eine Sie für ein weibliches Thier (besonders von Vögeln und Kaninchen).

Siehste (siehst du), Form der Bitte, besonders bei Kindern. „Siehste, Mutter, jib mir doch 'ne Stulle! Ach siehste!" worauf häufig die Ant-wort erfolgt: „Sifte is keene Corte!" (S. Sifte.)

Siehste wie de bist!

Siejellack, das.

Siejesschornstein und Siejes-sparjel wird die Siegessäule ge-nannt.

Sielen, sich, sich wälzen (im Schmutz).

Silber für Silbergroschen, nur im Plur. Zwee Silber. — Red. „Silber, steh uf, laß Jold sitzen!" (wenn ein Alter den Platz eines Jüngeren einnehmen will.)

Silbermorjen, Silbergroschen.

Simeliren, nachsinnen.

Simpeln. „Er simpelt so rum" d. i. er ist ohne bestimmte Thätigkeit. (Studentisch: Fach simpeln, Familie simpeln u. dgl.)

Simse, Prügel, wie Bimse.

Sind, sein. „Sind Se so jut un lassen Se mir mal durch." — „Wat kann da sind?" — „Wie kann man blos so

sind!" — „Ich kann nich (jut) so sind!"
d. i. ich bin zu gutherzig, um das
zu verweigern. — „Man muß nich
blos 'n juter Bürjer sein, sondern 't ooch wirklich sind."
Sind lassen, ablassen, in Ruhe lassen.
„Lassen Se Eenen doch sind." — „Ihr
läßt det jetzt sind!" — Scherzhaft:
„Laß den Unsein sind!"
Singen. Red. „Da jeht er hin un
singt nich mehr." (G. W. 189 f.)
Singuhr, Glockenspiel der Parochialkirche.
Siste, flacher, rund ausgeschnittener
Kuchen.
Sitzen. Red. (wenn Einer sich den
Kopf kratzt): „Laß se sitzen! (Wat
se fressen, bezahl' ick!)" Ebenso: „Se
beißen wol?"
So. So wie so. „Der Affe frißt wie
so'n Mensch." So'ne, solche.
„Mit so'ne Menschen laß dir doch
nich in."
So lange. Wenn Jemand beim
Fortgehen z. B. seinen Hut sucht,
so sagt ein Anderer, der ihn schon
in der Hand hat: „Denn nehmen
Se doch den so lange!"
So mußt kommen! sagt Neu-
mann, sieben Häuser un keene Schlaf-
stelle! (Posse?)
So so la la, Antwort auf die Frage:
wie gehts? — Auch So lila.
Söffel, Säufer.
Soff, Getränk.
Soffa, der, das Sopha.
Sohle. Red. „Det is Sohle!" d. i.
Aufschnitt, Lüge.
Sohlen, lügen.
Sohn. Red. „Det is nischt vor
meinen Vater seinen Sohn!"
Sohnemann, freundliche Anrede
an Knaben. Ebenso Hansemann
für Hans, Autemann für August.

Solches mit Sowas, complicir-
tes Conditorgebäck.
Soldatenwurscht, auch Hunde-
wurscht, grobe Blutwurst.
Sommer. Red. „Det is'n Leben
wie in' Sommer!" (Zusatz: blos
nich so warm.)
Sommerleutnant, Reserve-
lieutenant, der im Sommer einge-
zogen wird.
Sommerverjnüjen. „'n lieben
Herrjott sein Sommerverjnüjen"
heißt die Matthäikirche am Thier-
garten.
Sommerwohnen, im Sommer
auf dem Lande wohnen.
Sonn für so ein. „Sonn
Kopp!" d. i. So dick! — „Sonne
Sonne!"
Sonne. Red. „Er läßt sich de
Sonne in Hals scheinen" (Zusatz
„damit er wat Warmes in Leibe
krigt").
Sonnenbruder, Bummler.
Sonnenknicker, Sonnenschirm.
Sonnenkopp, Frucht der Sonnen-
blume, die später, von den Körnern
befreit, als Bürste verbraucht wird.
Sonntag. Red. „Alle Dage is nich
Sonntag!" d. i. das giebt es nur
ausnahmsweise. — „Wenn ick man
Sonntags det wäre, wat der
sich alle Dage inbild't!" — Sonn-
tags —, von Einem, der etwas
selten thut und daher schlecht
versteht. Sonntagsraucher.
Sonntagsreiter.
Sonst. „Sonst jeht's Ihnen doch
jut?" fragt man besorgt, wenn man
Jemand für verrückt zu halten anfängt.
Sorte, für Menschenklasse. „Eener
von die Sorte." „Det is
Sorte!"

Sorum. „Ach sorum!" d. i. so meinen Sie?"

Sowas. Red. „So was kommt von so was."

Soweit. „Mir jeht's so weit janz jut" d. h. im Allgemeinen gut.

Spack, gebrechlich.

Späne. S. Spene.

Später. Red. „Später peut-être" (sprich Speter pöteter).

Spanien für Spandau.

Spaß. „Spaß! (Nu Spaß)!" d. i. das versteht sich. Red. „Spaß bei Seite — Ernst in de Tasche!" — „Spaß muß sind!"

Spaßvogel, Spielzeug auf dem Weihnachtsmarkt. „Vorne nickt er, hinten pickt er."

Spazierhölzer, Beine.

Spazifiziren, spazieren gehn.

Speck. Red. „Ick habe wol Speck in de Tasche?" wenn Einer Einem „nich von de Pelle jeht.") — „Ad. chee, Speck! jrüß Schinken!"

Speckschwade, Speckschwarte.

Speckwagen, Wagen, der die Leichen nach dem Obductionshause schafft.

Speise, Mehlspeise.

Speiseanstalt, Mund.

Spendiren, schenken, freihalten. „Er hat de Spendirhosen an." — Spendabel, freigebig.

Spene, Späne. Red. „Mach man keene Spene!" (d. i. Quängeleien.)

Sperlingskopp, schlechtes Gedächtniß.

Sperrenzken (auch Sparrenzken) (von sich sperren), Umstände, Ausflüchte.

Spiejel. „Den (Brief) steckt er sich jewiß nich hinter 'n Spiejel!" (d. i. so grob ist er geschrieben.)

Spielratze, „spieleriges" Kind; auch von Erwachsenen: eifriger Spieler.

Spiernesig, unverschämt (in feinerer Art.)

Spillerig, dünn und lang, hochaufgeschossen.

Spinde, das, Schrank.

Spinēs (spinös), spitz im Reden. „'n recht spineset Frauenzimmer."

Spinnewebe, Spinngewebe.

Spiritus. Berliner Uebersetzung von „Nutrimentum Spiritus" (Inschrift der Kgl. Bibliothek): „Spiritus is auch 'n Nahrungsmittel."

Spitz, kleiner Rausch.

Spitz. 1) Red. „Der sieht so spitz aus" d. i. krank. 2) anzüglich.

Spitzen, sich, auf etwas sehnsüchtig hoffen.

Spitzen, Anzüglichkeiten. „Na lassen Se man Ihre Spitzen!"

Spitznesig, wie spitz 2.

Splinter, Splitter.

Spohn, Spahn.

Sprechanismus, Mundwerk.

Spreewasser. „Ick bin doch ooch mit Spreewasser jedooft" (getauft) d. i. in Berlin geboren, also schlau, praktisch.

Sprengsel, Cicade, Heuschrecke.

Spritze. „Der Mann an de Spritze" d. i. der Leiter.

Sprünge. Eenen uf de Sprünge helfen, wie uf'n Drab bringen. — „Jroße Sprünge kann er nich machen" d. i. auf großem Fuß kann er nicht leben.

Spruten, Frühjahrssprossen des Grünkohls. Sprutenkohl.

Spucke, Speichel.

Spucken, wild, zornig sein. „Aber der hat jespuckt!" — Red. „Er spuckt de Schwäne uf de Köppe" d. i. er hat nichts zu thun, ist brot-

los (so daß er von der Friedrichsbrücke
den Schwänen zusehen kann).
Spur. „Keene Spur!" d. i. durchaus
nicht.
Sputen, sich, sich beeilen.
Staat, Putz.
Staat machen mit etwas. „Det is
'n wahrer Staat!" d. i. sehr prächtig.
Stänkern, Zwist säen. Stänker.
Stänkerei. Stänkerig.
Stänkerbock.
Stafelstein, Tafelstein (Griffel).
Stall, Schule. Schulausdruck.
Stammern, stottern. Stammer-
bock, Stammerfritze, Stotterer.
Stampe, Tanzlokal.
Stand. In Stande setzen. „Nu
is et wieder in Stande" d. i. re-
parirt.
Standpauke, ermahnende Anrede.
Stapeln, gehen.
Starnikkel, kleiner Stoß, Schubs.
Staule, Prügel. „Kommt man her,
det setzt lausije Staule!"
Stechen (Anstechen, Einstechen,
Wegstechen u. s. w.) wird auch für
Stecken gebraucht; die Lampe wird
anjestochen, die Gardine ebenso. An-
stecken (neben anstechen) wird nur
in Einem Fall, und hier fälschlich,
angewendet, vom Faß: „Is eben
frisch anjesteckt!"
Stechen, Einem eine stechen (d. i.
eine Ohrfeige). S. auch Schwalbe.
— Einem etwas stechen, heimlich
mittheilen. — „Ich steche ja nich
drin!" d. i. ich weiß es ja nicht
sicher. — „Det sticht mal so drin
in'n Menschen!"
Steckerig, holzig. „Die Kolrabi
werden schon steckerig."
Steen, Stein. Plur. Steener.
Dimin. Steenerkens. — Red.
„Lieber Steene kloppen!" (scil. als
das thun, als so leben). — „Wo

ha'm wir denn schon mal zusammen Steene jekloppt?" (wenn
man unerwarteter Weise geduzt
wird.) Vgl. Schwein.
Stehen. Red. „Der kann in Stehen
sterben!" (d. i. so große Stiefel hat
er an.)
Stehsitz, Stehplatz.
Steifigkeit, Steifheit.
Stein. Der Freiherr vom Stein
auf dem Dönhoffsplatz sagt: „Noch
een Schritt un ick falle runter!"
Stekerling, Stichling.
Stekern, wie petern, besonders
mit Stangen.
Stellage, Gestell.
Stemmen, stehlen.
Stengel. „Er fiel von Stengel"
d. i. er war sehr erstaunt.
Stenzen. 1) Einem Vernunft bei-
bringen, ihn überreden. 2) Von der
Schule wegjagen.
Steppke, Anrede an einen kleinen
Jungen.
Stepsel, Stöpsel, auch kleiner Mensch,
Kind.
Sternanisun Kümmel! Fluch.
Stich. Red. „Du hast wol'n Stich?"
(Sonnenstich).
Stick, Sticke, Stück. Auch für
Frauenzimmer.
Stiebel. Plur. Stiebeln. „Er
kann 'n juten Stiebel verdragen." —
„Dein Stiebel hat Hunger" d. i. er
ist vorn an den Zehen entzwei. —
In cen' Stiebel, d. i. auf
einmal, ohne Unterbrechung.
Stiebeln, gehen.
Stiebelwichse. „Det is wol'n
juter Kerl?" — „Na ja — er frißt
keene Stiebelwichse."
Stielig, wie langstielig.
Stiesel, Schafskopf. „So'n richtijer
Stiesel!"
Stieze. 1) Stange. 2) langer Mensch.

Stiezen, stützen. „De Wäsche uf-
stiezen.
Stiezig, wie langstiezig. S. d.
Stift, Lehrling.
Stimmen. „Stimmt!" (wenn
man dem Kellner das Herauszu-
zahlende als Trinkgeld überläßt). —
„Det stimmt" (wenn man einer
Behauptung zustimmt). — Stimmt
auffallend!" — „Sie, det
stimmt wol nich?" sagen die Droschken-
kutscher, wenn sie mit der Bezahlung
nicht zufrieden sind. Red. „'t is
richtig, 't stimmt nich!"
Stinkadores (infamios), schlechte
Cigarre, auch extra mnros genannt.
Stinken. Scherzhafte Umkehrung:
„Stinken Se mal, wie det riecht." —
„Erstunken un erlogen."
Stint. Red. „Er is verliebt wie'n
Stint." Auch „Er is besoffen wie
'n Stint (stintmäßig besoffen)."
Stippe, Sauce.
Stippvisite, kurzer Besuch.
Stock. Plural Stöcker. Flie-
jenstecker.
Stoobig, ärmlich, elend. „Stoobije
Brüder."
Stoppevoll, gepfropft voll.
Storch. „Er jeht wie der Storch
in' Salat." S. auch Braten.
Stoß. Red. „Jeben Se Ihren Herzen
'n Stoß!" d. i. entschließen Sie sich
schnell.
Stoß dir man nich! d. i. ver-
rechne dich nur nicht.
Stoßkante, Schmutzrand an
Frauenkleidern.
Stoßvogel (auch Stoßer, Stö-
ßer), Habicht.
Strahl. „Er red't 'n bedeutenden
('n jebildeten) Strahl" (auch Ton)
d. i. er redet viel und anspruchsvoll.
Stralauern, schlecht rudern.
Strambulstrig, aufgeblasen.

Strampeln, die Beine heftig be-
wegen.
Strapziren, anstrengen, beschädi-
gen. „Strapzir' dir de Kehle (de
neuen Hosen) nich sol"
Straße. Auf Straße.
Streichbolzen, Streichboom,
Streichholz.
Streen. Jejen 'n Streen
schneiden, d. i. gegen den
Strich.
Streene, zusammengeflochtenes
Garn.
Streichbalken, Streichholz.
Streichholz, der. Auch dün-
ner Mensch. Red. „Haut ihn
mit Streichhölzer, schmeißt ihn mit
Popell"
Streithammel, streitsüchtiger
Mensch.
Stremel, Stück, Weilchen; bes. 'n
Stremel reden.
Strich, kleine Verrücktheit.
Strick, das. Der Strick ist ein
übermüthiges Kind.
Stricken. Die kleinen Mädchen
sagen beim Stricken: „Einjestochen,
umjeschlagen, durchjezogen, abje-
tippt."
Striezen, stehlen.
Strippe. 1) Bindfaden. 2) Schnaps
zum Weißbier. 3) Stiebelstrippe.
4) Nasses, in Strähnen anliegendes
Haar. 5) Red. „Et rejent Strippen"
(d. i. dicht). — „Nanu reißt wol de
Strippe?" d. i. Nun kannst du wohl
nicht weiter?
Strohkopp, Dummkopf.
Strohwittwer, ein Mann, dessen
Frau verreist ist.
Strolchen, schweifen.
Strubblig, struppig.
Strumpenbänder, Strumpf-
bänder.
Stubsnese, Stumpfnase.

Studern, stoßen, vom Wagen.

Studentenfutter, Rosinen und Mandeln.

Studenteupomade (Wasser). Auch Studentenwichse (Spucke).

Stück, Plural Stücker. Dimin. Stückslen. Stücker sechse. Ebenso Fußer dreie, Zoller achte, 'n Maler achzehn, 'n Dahler viere, 'n Wochener sieben, vor'n Jahrener zehne.

Stürze, Deckel zum Kochtopf.

Stulle, Butterstulle, Butterbrot. Klappstulle. 'ne Stulle schmieren.

Stummel, Cigarrenende. Der Stummel von Portorico scherzhaft für die Stumme von Portici. — Stummelquäler, Stummelsucher, Stummelroocher.

Stuß (jüd.), Unsinn.

Stutterbulle, Butterstulle.

Süffel, Säufer.

Süffig, leicht und angenehm zu trinken.

Süßholz raspeln, Damen den Hof machen.

Suff, Trunksucht. Stiller Suff.

Sums, Lärm.

Suppe. „Unter aller Suppe" d. i. unter aller Kritik.

Suppenjrünes, Sellerie, Petersilienwurzel.

Suse, langsamer, träger Mensch. Susig.

Syrupsritter, Handlungsdiener in einem Materialgeschäft.

C.

Caalen, langsam und albern reden, von Kindern. Caalig.

Cabeldoh, table d'hôte.

Cachtel, Ohrfeige.

Cafelstein, Schiefergriffel.

Calchfunzel, Talglicht.

Calent. Red. „Dazu jehört jewissermaßen doch Calent!" aus der Posse „Kläffer" von Wilken.

Calpschen, ungeschickt zufassen. Calpschig, täppisch.

Cambauer, Tambour.

Cante. Red. „Wenn meine Cante Räder hätte, wär' se 'n Omnibus!" (wird angewendet, wenn Jemand mit einem thörichten „Wenn" kommt.

Cante Voß, Vossische Zeitung. Früher daneben der Onkel Spener.

Capet. Etwas uf's Capet bringen, d. i. zur Sprache bringen.

Cappen, Fußtapfen.

Caprig, ungeschickt.

Capsen, tappen.

Capsig, ungeschickt.

Caschenmesser. Red. „Er klappt zusammen wie'n Caschenmesser."

Caffenkopp, Caffe. Gegensatz Untertasse.

Catterich, Zittern der Hände. Jetzt viel für alles im Uebermaß Getriebene; z. B. Redetatterich, Musiktatterich.

Cêbs, Unsinn, wie Kebs.

Cechtelmechtel, Durchstecherei, verbotenes Liebesverhältniß.

Ceke. Besoffen wie 'ne Ceke. — Ceken sind Insecten (auch Hundezecken genannt), unter denen die Hunde zu leiden haben.

Cekrig (auch dekrig), beschädigt, zerbrechlich, von Kannen, Töpfen u. dgl.

Cele (auch Cöle), Hund. Auch Schimpfwort: Hundetele. Verdammte Celel

Cemplow, für Tempelhof, nach Analogie von Spandow, Stralow.

Cepperschürze. „Ehrbar wie 'ne Cepperschürze" (von Kindern). S. auch Anton.

Terke, Türke.

Text. Red. „Weiter in Text!"

Chedor, Theodor.

Chee. In Thee sein. 1) angetrunken sein. 2) Schulausdruck: beim Lehrer beliebt sein. Cheekind. Thee reiten, nach der Gunst des Lehrers streben. Cheereiter. — Red. „Laß dir Thee kochen!" d. i. du sprichst im Fieber.

Cheekessel, Cheekopp, Dummkopf.

Theil. 'n janz Theil für viele.

Thier. 'n jroßet Thier, Mann von Einfluß.

Thierchen. Red. „Ein jedes Thierchen hat sein Pläsirchen."

Thierjarten. Red. „Jott, wie jroß is dein Thierjarten!" (Zusatz: „Bis hierher jeht 't Affenhans.")

Thorschreiber. Red. (beim Abschied) „Jrüßen Se'n Thorschreiber!"

Thorwagen zu Landpartieen gehen noch jetzt z. B. vom Oranienburger Thor nach Tegel.

Thran. In Thran sein, betrunken sein. „Er hat in Thran jetreten" in demselben Sinne.

Thranfunzel. S. Funzel.

Thranig, langweilig, dumm.

Thurm. Eenen von Thurm blasen, einen (Schnaps) trinken.

Tick, Einbildung, kleinlicher Stolz, wie er besonders niederen Beamten nachgesagt wird.

Tiefde, Tiefe.

Tiene, großer Zober. Feuertiene.

Tietkendreher, Dütendreher, Kaufmannslehrling, Commis.

Tingeltangel, café chantant.

Tinte. 1) In de Tinte sitzen, in de Tinte jerathen (Verlegenheit, wie Patsche). 2) „Du hast wol Tinte jesoffen?" (bist wohl ver-

rückt?) „J — da müßte ja Eener Tinte jesoffen haben!"

Tippel, Tüpfel, Punkt.

Tippelmondsch, verrückt.

Tippeln, leise gehen.

Tippen, anrühren.

Tiroler, Thaler.

Tobak. Red. „Det is starker Tobak" d. i. das ist stark.

Tobaksreiter, wie Sonntagsreiter. „Mir ooch vor'n Sechser!" rufen die „Jungs" hinterher. — (Wenn sich Friedrich Wilhelm III. in Charlottenburg aufhielt, kam täglich ein Reiter nach Berlin, der ihm für 6 Pf. frischen Schnupftabak holte. Dies war der Tobaksreiter und ihm wurde zuerst „Mir ooch vor 'n Sechser!" zugerufen.)

Tobich, Tabak.

Cöle. S. Tele.

Töppern. Am Polterabend werden vor dem Festhause von den Nachbarn alte Töpfe 2c. zerschmettert. Das heißt Töppern.

Tolle, Haartracht. Barbiertolle.

Comband (Tonnenband), der einzig gebräuchliche Ausdruck für Reifen.

Ton für Wort. „Nu lassen Se mal 'n Ton los!"

Coppkieker. Topfgucker.

Coppsan. Schimpfwort.

Torfstich. 1) schmutziger Hals. 2) der „Grus" an der Nase eines starken Schnupfers.

Torfwagen. Red. „Komm nich untern Torfwagen!" Vgl. Leierkasten.

Torkel, Glück.

Torkeln, turkeln, schwanken, unsicher gehen.

Cornisterblond, von Haaren.

Trab. S Drab.

Trampel, unsauberes Dienstmädchen.

Trampelloge, Galerie (billigster Platz) im Theater.

Trampelthier, dummer Kerl.

Trampsen, gräuschvoll auftreten.

Transch, der, Schelte.

Tratschen, trätschen, breit reden.

Traue, Trauung.

Trauen. Red. „Das trau ich mir janich zu jlooben." — „Wenn Jemand sagt: „Ick trau' mir nich", so hört man als Antwort oft: „Trauen duht der Pastor in de Kirche."

Trauer. Red. „Haft wol Trauer?" (wenn Einer schmutzige Fingernägel hat.)

Trauerkloß, trüber, langweiliger Mensch. Trauerklöterig.

Treppe. Red. „Du bist ja de Treppe runterjefallen" d. i. du hast dir die Haare schneiden lassen. Der Volksmund behauptet, daß Jeder, der es fertig bringt, die Treppe rauf zu fallen, vom König (oder auf dem Rathhaus) zehn Thaler bekomme. — Treppe für Stufe: „Wieviel Treppen kannst du'n springen?"

Treffiren, belästigen, zusetzen.

Tribeliren (lat. tribulare), durch Bitten quälen.

Triene. Dumme Triene, von Frauenzimmern.

Triezen, drängen, peinigen.

Tritt. In Tritt sein, bezecht sein.

Trittoar, Tretoar, Trottoir.

Trommeln, raustrommeln; Schulausdruck: mit den Füßen trampeln, wodurch die Schüler ihre Unzufriedenheit mit dem Lehrer zu erkennnen geben. „Den ha'm wir jetrommelt, aber feste, verstehßte!"

Trompetertisch, Nebentisch für die, welche am großen Tische nicht mehr Platz finden.

Troft. „Du bist nich bei Troste", d. i. verrückt.

Trubel, Aufregung, Auflauf.

Trudeln, rollen. Sich trudeln vor Lachen. Auch für würfeln.

Tuch, der.

Tücksch, eigensinnig. Tücksch-kopp, Trotzkopf.

Tüffe, Hündin.

Tülle, Ansguß an Töpfen, Kannen u. ä.

Tulpe. 1) Nase; Rotztulpe. 2) Pokal, der einen Schnitt enthält. 3) Durch Wind umgestülpter Regenschirm.

Tunte, verzärtelte Person. Tuntig.

Turkel, wie Torkel, Glück.

Tute, Tüte.

Tuten. 1) blasen. 2) eenen tuten, trinken.

Tntschen, saugen (wie lutschen und nutschen).

Tutt mem schos, toute même chose.

Tz. Von A bis Tz, d. i. von Anfang bis zu Ende.

U.

Uebel. Red. „Ooch nich übel!"

Uebelnehm'sch, empfindlich.

Ueber. 1) „Darin bin ick dir über" (überlegen). 2) „Det is mir über" d. i. ich bin es überdrüffig. — Ueber sich haben (etwas), darüber disponiren können.

Ueber un düber, über und über. Vgl. nm un dum.

Ueberhaupt. Red. „Na überhaupt!" (zustimmend). — Ueberhaupt für besonders; z. B. „Ick jeb' alle Dage spazieren, überhaupt Sonntags."

Ueberjeffen, Einem eins, schlagen.

Ueberjewicht, Gleichgewicht. „Er verliert 't Ueberjewicht."

Uebermorjen. Red. „Ja, übermorjen!" d. i. da kannst du lange warten.

Ueberschwappen, überschwabbern, auch überschwuppern sich wuppen, überlaufen, von Flüssigkeiten.

Ueberzogen, überzeugt.

Ueppig, übermüthig.

Ufbejehren, Scandal machen, besonders von den Marktweibern.

Ufbieten, Schimpfen, ebenfalls Ausdruck der Marktweiber.

Ufbremsen, Einem eins, einen Schlag versetzen.

Ufbringen ('ne Jeschichte, 'n Witz), erfinden, zuerst vorbringen.

Ufdauen, nach längerem Schweigen wieder redselig werden.

Ufflezen, sich, sich unanständig aufstützen. Ebenso sich ufflejeln.

Uffrischen, verhauen.

Ufhacken, von Kindern, die sich hinten auf einen Wagen setzen. Andere rufen dann: „Kutscher! Hackt Eener uf!"

Ufhängen, sich wonach, Etwas sehr wünschen, sehr gern haben.

Ufheben, sich, scil. die Kleider, auf schmutziger Straße.

Ufhelfen. Red. (wenn Jemand gefallen ist) „Kommen Se her, ich wer' Ihnen ufhelfen!"

Ufhören. Red. „Nanu hört's uf!" (Ausruf des Erstaunens).

Ufhören, sich, für aufhören; besonders in der Red. „Da hört sich denn doch Verschiedenes uf!" d. i. das ist doch zu stark!

Ufjabeln, auffinden.

Ufjebot. S. Ufbieten. „Ich muß machen, det ick wegkomme, sonst kriej' ick 'n Ufjebot!"

Ufjedonnert, geschmacklos und prahlerisch geputzt. — Ufjedonnert wie'n Fingstochse.

Ufjeknöppt, zugänglich, gesprächig.

Ufjekratzt, vergnügt.

Ufjepluftert, wie ufjedonnert. Ebenso

Ufjeprezelt.

Ufjeschmissen, verloren, reingefallen.

Ufjeschrieben (eigentl. vom Schutzmann wegen eines Vergehens), reingefallen, verloren.

Ufjetakelt, wie ufjedonnert.

Ufklären. Red. (ironischer Trost bei schlechtem Wetter). „Et klärt sich schon janz dicke uf."

Ufklaviert, wie ufjedonnert.

Ufknallen (einen Kupperhut), ein Zündhütchen aufschlagen.

Ufkrempeln, die Aermel aufstreifen.

Ufkucken, beim Lesen oder Schreiben sich zu nah auf das Buch beugen. „Kuck nich immer so uf!"

Ufmischen, Hiebe anfzählen. „Et jibt wat ufjemischt!"

Ufmöbeln, schelten, Grobheiten sagen.

Ufmucken, widersprechen, sich widersetzen.

Ufmuntern, von Sachen, wieder neu machen.

Ufoctrojiren, aufnöthigen.

Ufplustern, sich, die Federn sträuben, von Vögeln; dann sich aufblasen, sich spreizen.

Ufpuckeln, aufladen. „Mir haben se Allens ufjepuckelt."

Ufrapen, aufraffen.

Ufrappeln, sich, sich aufraffen, genesen.

Ufrebbeln, fich, fich fehr an-
ftrengen.

Ufrejen, aufregen. Red. „Rejen
Se fich nich unnütz uf!" — „Man
regt fich uf nu hat nifcht von."

Uffchlagen, einen höhern Preis
angeben, in der Vorausficht, daß
darum „gehandelt" wird.

Uffchneiden, lügen (befonders
prahlerifch).

Uffchnitt. „Na det is kalter Uffchnitt!" (wenn Einer lügt.)

Ufftecken, etwas, damit aufhören.

Ufftehn. Red. (auf die Frage; „Is
denn der fchon dodt?") „Na der
wird bald wieder ufftehn!"

Ufftoßen. S. Sauer.

Uftreiben, wie Antreiben.
S. d.

Ufwafchen, wie abwafchen.
S. d.

Ufwecken, erwachen.

Ufziehn, necken.

Ufzuverheben. Red. „Du haftet
mir doch nich ufzuverheben jejeben."

Uge (mit kurzem u), wie Duge,
Demelad.

Uhre in der Wendung „Um Uhre
zehne" d. i. ungefähr um 10 Uhr.

Ulf, harmlofer Blödfinn. Name eines
Witzblattes. Ulfen. Ulfig.

Um für wegen. „Um dir hab' ich
Keile jekriegt!" — „Det is fehr um"
d. i. ein großer Umweg. — Um
det, damit. „Det ha'k dir nich jejeben, um dette't auzwee machen
follft." — Um un dum (d. i. um
und um). „Ick haue dir eene, dette
dir um un dum drehft!" Vgl. Ueber.

Umdebus (Omdebus), Omnibus.

Umjeknixt, mit dem Fuß.

Umjefchmiffen. „Der Wagen hat
umjefchmiffen."

Umjewendter Napolium, un-

guentum neapolitanum (graue
Salbe).

Umkejeln, umfallen.

Umkippen, umfallen.

Umkommen. Red. „Man blos nifcht
umkommen laffen!" d. i. von Speifen
oder Getränken übrig laffen.

Umkrempeln, umdrehen. — Ju
Umkrempeln, d. i. im Hand-
umdrehen. — „Er is wie umjekrem-
pelt" d. i. wie verwandelt.

Umfchichtig, abwechfelnd.

Umfonft. Vor umfonft. — Red.
„Unfonft is der Dod (um der Poft'
ooch noch 'et Leben)."

Umftandskomm'ffarius, um-
ftändlicher Menfch.

Umzechig, Einer um den Andern.

Unaujenehm. Red. (ftets ironifch)
„Det is Jhnen doch weiter nich un-
anjenehm."

Uneben. Red. „Det is janich fo
uneben" (nicht fo fchlecht).

Unjebachert, tolpatfchig.

Unjelogen. „Det waren unjelogen
dreißig Jrad in Schatten." — „Det
muß ick unjelogen fein laffen" d. i.
das muß ich zugeben.

Unjemacht. „Sie kam rin mit
unjemachte Haare."

Unjefchickt. Red. „Unjefchickt läßt
jrüßen."

Unjewiegt. Red. „Ick wer' heute
Nacht unjewiegt fchlafen." Vgl.
Woge.

Unjlückswurm, elende kleine Per-
fon, bef. Krüppel; auch überhaupt
ein unglücklicher Menfch.

Unke. Befoffen wie 'ne Unke.

Unkoften, Gefchäftskoften. „Er
kommt nich uf de Unkoften."

Unmenfch. „Darin bin ick keen
Unmenfch" d. h. das thue ich, ohne
mich nöthigen zu laffen.

Unten durch. „Er is unten durch" d. i. nicht mehr geachtet. Auch drunter durch.

Unter Mittag, während der Mittagszeit.

Unterärmeln, unterfassen. Ebenso Unterhalen.

Unterhauen, unterschreiben.

Unterkietig, schmärend, bes. am Finger. Ueberhaupt faul, verdächtig.

Unterklauen. 1) unterschreiben. 2) unterfassen. „Klau' unter!"

Unterkriejen, bewältigen.

Unterwegs lassen, unterlassen. „Laß det unterwegs!" (auch unterwejens).

Unübel. „Det is nich unübel" d. i. nicht übel.

Unverfroren, dreist.

Unvernünftig adjectivisch gebraucht: „Aber Edewacht, wat nimmste dir vor unvernümftije Saucel"

„Unvorbereitet, wie ich mich habe", beliebter Anfang einer Rede. (G. W. 389 f. u. 420.)

Unwohl. Red. „Se sind wol nich janz unwohl?" d. i. Sie sind wohl nicht ganz bei Verstande?

Urig, grotesk komisch. „'n urijet Vieh."

Ufinger, Schlesier; auch Schimpfwort.

Uzen, verhöhnen „Woll'n Sie mir villeicht uzen?"

V.

Vater. Der Vater von's Janze, Leiter, Veranstalter. Red. „Ick bin der Vater von das Kind!" d. i. der Urheber, der Besitzer der Sache. — „Det is nischt vor mein Vater sein Sohn."

Vaterunser. Red. „Den kann man ooch 'n Vaterunser durch de Backen pusten!" von einem Menschen mit magerm, eingefallenem Gesicht.

Venedig. Red. (beim Spiel) „So spielt man in Venedig!" (G. W. 189.)

Ventilation. Red. „An die Stiebeln is ooch blos de Ventilation jut!" d. i. sie haben Löcher.

Veraasen, vergeuden. „Veraase doch det liebe Jut nich so!"

Verändern, sich, sich verheirathen. Auch: einen andern Dienst nehmen.

Verbällen, sich die Hand, den Fuß, d. i. sich eine eitrige Zellgewebsentzündung zuziehen.

Verballern, verhauen.

Verbiestern, sich, sich verirren; daher: sich eigensinnig vertiefen, bes. im Part. „Er is janz verbiestert."

Verbimsen, verhauen.

Verbinder, Zug der Verbindungsbahn.

Verbohrt, wie verbiestert.

Verbubanzen, verderben, verunstalten.

Verbucken, Geld (beim Spiel) verlieren.

Verbuddeln, vergraben.

Verbummeln. 1) die Zeit müßig hinbringen. 2) vergessen.

Verbumfiedelt, heruntergekommen.

Verdammtig, verdammt.

Verdeffendiren, vertheidigen.

Verdienen. Red. „Verdienen is 'n Hauptwort un wird jroß jeschrieben."

Verdiffendudeien, auseinandersetzen.

Verdonnern, verurtheilen.

Verdragen. Ein Junge, der von seinem Vater Schläge bekommen hat, sagt zu ihm: „Siehste, Vater, wir könnten uns so jut zusammen ver-

tragen, wenn de dir blos det ver-
fluchte Ffauen abjewöhnen könnt'ft!"
Verdreht, sonderbar, verrückt. S.
Schraube.
Verdrücken, durchbringen. „Die
haben da 'ne Menge Jeld verdrückt."
Verdruß, auch **Verdrieß**,
Buckel. ('n „nachträglicher" Verdruß.)
Verduften, verschwinden.
Verduzeln, vergessen.
Verfitzen, verheddern.
Verfligt, verflucht.
Verflucht für sehr. — Red. „Ei
verflucht!" — „Verflucht un zuje-
näht!" — **Verfluchtig**. Ver-
flucht wird den Schimpfwörtern
nachgestellt: „Ochse verfluch-
ter!" (Auch verfluchtijer). Ebenfo
„Bengel infamer!" (infamichter).
Verfressen. „Du — ick hab'n
Iroschen — den woll'n wir ver-
fressen!"
Verfrieren, erfrieren. Red. „Is
meinen Vater janz recht, wenn ick
mir de Fingern verfriere; warum
kooft er mir keene Handschuh?!"
Verfügen, sich, fortgehen.
Verführen. Lärm verführen.
Verfumfeien, verderben.
Verfuttern, überfüttern.
Verhältniß concret für Liebster
oder Liebste. „Da jeht mein Verhältniß." — Scherzräthsel: Welches
ist das anständigste Frauenzimmer
von Berlin? — Die Victoria auf
der Siegessäule, weil sie garkein
Verhältniß hat.
Verhauen. 1) prügeln. 2) sich
verhauen, sich versehen, einen
Fehler machen.
Verheddern, Bindfaden u. ä. ver-
wirren. — Sich mit de Beene
verheddern, wenn Viele in
einer Droschke oder um einen Tisch
sitzen. „Verheddert euch nich!"

Verheirathen. Red. „Da bin
ick schlecht verheirath't" d. i. schlimm
angekommen. „Wir sind ja nich
verheirath't" d. i. nicht aneinander
gebunden. — Wenn Jemand sehr
lange von einer Gesellschaft hinaus-
gegangen ist, sagt man zu ihm:
„Herrjott, du hast dir wol daweile
verheirath't?" Oder bei einem langen
Schluck aus der Weißen: „Verheirath' dir man nich dadrin!"
Vgl. Wohnen.
Verhungern. Red. „Soll ick dir
mal in steifen Arm verhungern
lassen?!" (Drohung.)
Verhutzelt, klein, verwachsen, zu-
sammengeschrumpft.
Verjaloppiren, sich, durch
unbedachtes Reden sich oder Andern eine Blöße geben; überhaupt
sich irren.
Verjefferig, vergeßlich.
Verjniddert, **verjnittert**,
verjneddert, gereizt, verbittert.
Verjnüjen. Red. „So laaßt ihn
doch des kindliche Verjnüjen!" (Re-
frain aus der Posse „Namenlos"
von Pohl und Kalisch.) — „Wenn
man't nich zum Verjnüjen dähte —
vor Jeld dähte man't jewiß nich!"
(3. B. beim Bergsteigen.) — S. auch
Rin.
Verjohren, verjährt.
Verjuchheen (Ton auf der zweiten
Silbe), vergeuden.
Verkacheln, verhauen.
Verkälten, sich, sich erkälten.
Verkeilen. 1) verhauen. 2) Jem.
den Kopp verkeilen, ihn zu
bereden suchen.
Verkieken, sich, sich verlieben.
Verkietern, im Tausch hingeben.
Verklammt, steif vor Kälte.
Verklatschen, verläumden.

Verklieren, durch Schmieren verderben.

Verkloppen. 1) verkaufen. 2) verbauen.

Verknacken, sein Geld (auch eine Pulle Rothspon).

Verknautschen, durch Zusammendrücken entstellen (ein Tuch u. ä.).

Verkneifen, sich etwas, versagen.

Verkniebeln (Brot), schlecht schneiden.

Verknippern. 1) zu fest binden. 2) „Ick bin dir sehr verknippert" für verbunden.

Verknubbe. „Er ligt verknubbe" d. i. er liegt unthätig da.

Verknudeln, verknuddeln, wie Verknautschen. S. d.

Verknurren, sich, sich erzürnen.

Verknusen, vertragen. „Den kann ick nich verknusen."

Verknuren, verknaren, verknigen, sich den Fuß, einen Finger ꝛc.

Verkrauchen, sich, sich verstecken.

Verkreeschen, ausgeben. „Det bisken Jeld war bald verkreescht."

Verkrümeln, sich, sich drücken, sich verlieren.

Verkucken, sich. 1) wie verkicken. 2) sich versehen.

Verlängern, die Suppe, den Kaffee, d. i. verdünnen.

Verlangen. Red. „Det kann ick ja janich verlangen" (statt annehmen). Auch in dem Sinne: das brauch' ich mir nicht bieten zu lassen.

Verleppern, vergeuden.

Verlesen. „Er is verlesen" d. i. verloren.

Verliedern, verlieren, durchbringen.

Verloddern, vernachlässigen.

Verludern, vergeuden.

Vermengeliren, vermischen.

Vermickert, kränklich, schlecht genährt.

Vermöbeln. 1) verhauen. 2) vergenden.

Vermoost. S. fermoost.

Vermugeln, verwischen, vertuschen.

Vermummeln, sich. 1) sich warm einhüllen. 2) sich verkleiden.

Vermurksen, verschwenden.

Verneest, verkommen.

Verpecken, verhauen.

Verplempern. 1) verschwenden. 2) sich verplempern, sich verloben.

Verpimpeln, weichlich erziehen.

Verposementiren, (Geld) ausgeben.

Verprezeln, verschwenden.

Verpurren, einen Plan vereiteln.

Verpusten, sich, sich erholen.

Verputzen, essen.

Verpuzeln, sein Geld, für lauter Kleinigkeiten ausgeben. Ebenso

Verquackeln und

Verquasen.

Verquer, quer. „Det kommt mir recht verquer".

Verquiemt, heruntergekommen (durch Krankheit).

Verratzt, verloren. „Denn bin ick verratzt."

Verrissen, verreist.

Verrückt. Red. „Ja wol, da bin ick janz verrückt nach!" (ironisch). — „'n bisken verrückt is am Ende Jeder (aber so wie mancher fast keiner)!"

Verrangeniren, auch verrujeniren, ruiniren.

Versalzen. Einem den Spaß versalzen, d. i. verderben.

Verfauen, verderben.
Verfaufen, ertrinken.
Verschießen, sich, sich verlieben.
Meist Part. verschossen.
Verschimpfiren, beschimpfen, verunstalten.
Verschlickern, sich, sich verschlucken.
Verschludern, verschlendern.
Verschmaddern, verschmieren.
Verschmeißen, verlegen.
Verschnuppt. „Det hat ihn eklig verschnuppt" d. i. geärgert.
Verschrecken, sich, erschrecken.
Verschrumpelt, verschrumpft.
Verschwiemelt aussehen.
Verschwitzen. 1) schweißig werden. 2) vergessen.
Verschwören. Red. „Det will ick nich verschwören" d. h. ich würde es unter Umständen thun.
Verseefen, ersäufen.
Versetzen, Jemand irgendwo sitzen lassen, ihn kalt stellen.
Versilbern, verkaufen.
Versimsen hat dieselben beiden Bedeutungen wie Vermöbeln.
Versohlen, durchprügeln.
Verstand, in Zusammensetzungen; z. B. er hat keinen Kartenverstand, Pferdeverstand u. a. — Red. „Der hat mehr Verstand in' kleenen Finger wie N. N. in' Kopp."
Verstandez-vous? Scherzhafte Frage: Verstehn Sie?
Verstehste. Red. „Sie haben wol 'ne schwere Verstehste?" (zu einem Schwerhörigen.) — Verstehste wol?! häufiger Zusatz zu einer Behauptung.
Versuchen. Red. „Der soll sich mal erst wat (det) versuchen! (wat ick mir versucht habe.)"
Vertobaken, durchprügeln. Ebenso
Vertöppern.

Vertragen. Red. „Vertragen Se mir nich 's Jeld!" d. i. bleiben Sie mein Kunde.
Vertreten. Sich de Beene vertreten, nach langem Sitzen.
Vertrödeln, die Zeit, vergeuden.
Vertuschen, verhauen.
Verwalken, durchprügeln.
Verwarten, aufbewahren, beaufsichtigen. „Sie verwart' ihre Kinder." (sprich: verwacht.)
Verwendte, Ohrfeige (mit der Rückseite der Hand).
Verwichsen, wie Vermöbeln und Versimsen.
Verwiejen, wiegen (transf.).
Verwischen, Einem eins, wie Auswischen 1. S. d.
Verzählen, erzählen.
Verzappt. Red. „Wird nich verzappt!" d. i. es giebt nichts davon.
Verziehen, sich, abgehen. „Verzieh dir!"
Verzierung. Red. „Stoß dir man keene Verzierung ab!" d. i. ziere dich nicht, spiele dich nicht auf.
Verzoppen, sich, wie sich verziehen.
Viel. „Ach wat, viel fährt der Bauer uf'n Wagen" sagt die Mutter, wenn ein Kind viel haben will. Vgl. Ville.
Vierfinder (pfünder), Viergroschenstück.
Vijeline, Vichteline, Violine.
Villa Sanftleben, das frühere Schnldgefängniß. Vgl. Mösers Ruh'.
Ville, viel. „Mutter, jib mir wat (zu essen) — aber ville!" — „Et muß noch ville mehr jedrunken werden!"
Vis-à-schräg, vis-à-vis; auch Schräg-à-vis.
Visage, Gesicht. Vgl. Jesichte.

Difentiren, vifitiren. Vgl. Pro-
fentiren.
Vogel. Red. „Haft wol'n Vogel?"
d. i. bift wohl verrückt?
Vogtland, Gegend vor dem Hamburger Thor, wo ehemals (feit 1752)
Bauhandwerker aus dem fächfifchen
Vogtlande den Sommer über an-
gefiedelt waren (im Winter kehrten
fie in die Heimath zurück). Bei der
Armuth der Gegend gilt die dortige
Sprache als die fchlechtefte. „Sprech
doch nich fo vogtländfch!"
Volljedreckt, befchmutzt.
Vollkommen, weit (von Klei-
dern). „Aber machen Se't recht voll-
kommen!"
Vollmachen, verunreinigen. „Sie
haben fich volljemacht." Auch „Sie
find da janz voll" (befchmutzt).
Vollproppen, fich, fich voll effen.
Von wejen für wegen, gewöhnlich
allein gebraucht: „Na von wejen—!"
Von wejen meiner, meinet-
wegen.
Vor immer ftatt für.
Vor de Jewalt, mit Gewalt (et-
was wollen). Vor de Jewalt
nich, durchaus nicht.
Vor umfonft, unentgeltlich.
Vorbei für vorüber. „Meine Zahn-
fchmerzen find vorbeijejangen."
Vorbeijehn. Red. „Schade um
jeden Hieb, der vorbeijeht!"
Vorbinden, fich Eenen, ihn
fchelten, ftrafen.
Vorfahren laffen, Effen und
Trinken auftifchen. „Er hat hellifch
vorfahren laffen."
Vorhaben. „Den ha'm fe vorje-
habt!" d. i. zugerichtet.
Vorigte, der Vorige.
Vorjreifen. Red. „Ich will nich
vorjreifen!" (Aus dem „Ulk".)

Vorknöppen, fich Eenen, wie
vorbinden.
Vorkommen, mit vorkommen
(bei Einem), ihn gelegentlich be-
fuchen.
Vorkoft, Hülfenfrüchte. Mehl-
und Vorkofthandlung.
Vorkriejen. „Den wer' ick mir
mal vorkriejen" d. i. zur Rede fetzen.
Vormachen. Red. „Du kannft mir
viel vormachen!" d. i. das glaube
ich nicht ohne Weiteres.
Vornehmen. „Ich wer Fritzen mal
orntlich vornehmen" d. i. ihm ins
Gewiffen reden.
Vorrede. „Halt dir nich fo lange
mit de Vorrede uf!" d. i. komm
zur Sache.
Vorfchmeißen, vorwerfen.
Vorficht. Red. „Vorficht is die
Mutter der Porzellankifte."
Vorftellen. „Wat un ihr, de
Meeftern, vorftellt —" für „die
Meifterin aber 2c."

W.

Wa? Was? (wenn man nicht ver-
ftanden hat, bef. bei Kindern.)
Wabbelig, flau; nach dem Effen
einer labberijen Speife wird
Einem wabbelig.
Wachs, der. Wachs, Keile.
„Et jibt Wachs!"
Wackeln. Lachen, det de Wände
wackeln.
Wadenkneifer, enge Hofen.
Wälzen. „Det war zum Wälzen"
(vor Lachen).
Wärmde, Wärme.
Wärtfer, weiter. Immer
wärtfer!
Wagenfchmiere, fchlechte Butter.
Wah? für Nicht wahr?

Wahaftig gilt unter Kindern als der höchste Schwur. Wenn Einer dem Andern etwas nicht glauben will, so fordert er ihn auf: „Sage mal wahaftig!" — „So wahhaftig!" — „Wahaftijen Jott!" (Zusatz: Feuer un Flammen!)"

Wahr. Red. „Is ja janich mal wahr!" (bes. bei Kindern.) — „Det is ja schon beinah janich mehr wahr" (wenn etwas erzählt wird, was schon lange her ist). — „Der will det nich wahr haben" d. i. nicht zugeben.

Waisenknaben, Cigarrenabschnitte.

Waldbeibel, Weihnachtsinstrument, wie die Knarre.

Walke, Prügel. Ebenso Wamse.

Wallachei. Die kleene Wallachei heißt die Wilhelmstraße von der Puttkamerstraße bis zum Belle-allianceplatz. (Warum?)

Wand. Red. „J da soll doch jleich 'ne olle Wand wackeln!" (entrüstetes Staunen.) — „Du hast de Wand uf 'n Puckel!" (wenn der Putz abgefärbt hat.) — „Mit den kan man Wände inrennen!" d. i. er ist ein Dummkopf. — „Wenn man den an de Wand schmeißt, denn bleibt er kleben!" (von einem schmutzigen Menschen).

Wanschen, Wanschken, Wanzen.

„Warm sind se noch! Kalt wenn se bald! (doch)" Ruf der Wurstverkäufer. — 'n paa Warme, d. i. Würste.

Warten. Red. „Na, wenn't nu nich jleich kommt — denn warten wir noch 'ne Weile!"

Was? (wenn man etwas nicht verstanden hat). Antwort: „Wenn't rejent, is't naß!" oder „Länger wa't nich!"

Waschen, Einem mit Schnee das Gesicht abreiben; Schulausdruck.

Waschkörbe voll, in Menge.

Waschlappe, die, Mensch ohne Energie.

Wasser fahren, statt auf dem Wasser. „Wir haben 'n janzen Nachmittag Wasser jefahren."

Wasserleiche, unförmlich dicker Mensch.

Wat. „Ach wat!" d. i. laß mich in Ruhe. — Wat für warum; z. B. „Wat bist'n überhaupt herjekommen, wenn de nischt duhn willst?" — „Wat kiekst'n?" — Für nicht wahr: „Det wa' fein — wat?" — Wat zur Hervorhebung eines Wortes: „Wat nu der Schutzmann is, der ꝛc. „Mein Bruder, wat der Schlosser is." Vgl. Vorstellen. — Red. „Wat haste wat kannste" oder „Haste wat kannste wat" d. i. in voller Eile.

Watte. Red. „Hast wol Watte in de Ohren?" d. i. kannst du nicht hören? — „Watte is keene Boomwolle!" (auf die Frage „Wat?")

Weeßte verstehste! Drohung, bei der die Faust dem Gegner unter die Nase gehalten wird.

Weffe, Wunde, Schmarre.

Weg. Red. „Det hab' ick weg" d. i. begriffen. „Mach dette weg kommst!" „Er ist janz weg" (hingerissen). „Immer weg von de Bilder, kooft'n ollen Fritzen doch nich!"

Weg. Nich bei Weje, nicht zu haben, nicht auf dem Platze. — „Det hat noch jute Weje" d. i. es ist noch viel Zeit bis dahin. — „Ick jehe jewiß Jeden aus 'n Weje, aber ick verlange ooch, det mir Jeder aus 'n Weje jeht."

Wegbleiben, vom Schreikrampf bei kleinen Kindern: „Herr Jott, jetzt bleibt er weg, klopp 'n man uf'n Puckel!"

Wegjraulen wie rausjraulen.

Weihnachten, der, d. i. die Geschenke.

Weihnachtsruthe, Ruthe mit bunten Fähnchen, auf dem Weihnachtsmarkt.

Weißbier. Red. „Hinten rum schenkt man Weißbier!" d. i. Sie wenden sich an den Falschen.

Weiße, Flasche (Glas) Weißbier. Arten: Einfache Weiße, Doppelweiße, Nullweiße, (besonders gute), Champagnerweiße, d. i. auf Champagnerflaschen abgezogene. Budikerweiße, dünn, zu 20 Pf.

Weißen für wissen in der Red. „Man kann nich Alles weißen".

Weiter. Red. „Wenn t' weiter nischt is!"

Weldesmenschen, wie Menschheit. S. d. — Weldesmenschenmenge.

Weltjeschichte. Red. „Da hört doch de Weltjeschichte uf!" (Ausdruck des Erstaunens.)

Wenijer. „Dieses wenijer!" d. i. das nicht.

Wenn schon, denn schon!

Wenns de für Wenn du. Vgl. Obs de.

Wer? Antwort: Peter Behr! (Vgl. Was.)

Werden. Red. „Wat soll'n det werden, wenn't fertig is?" — „Wat nich is, kann noch werden."

Werdersche. Die Werderschen, d. i. die Obstfrauen von Werder, die an der Friedrichsbrücke feil halten.

Wesenberg für wesentlich.

Westfelinger, Westfale.

Weste, derbe (stramme) Weste, Busen. S. auch Feste.

Wetten. Red. „So ham wir nich jewett!" d. i. das ist gegen die Abrede. „Wetten daß?"

Wetter. Red. „Der verdirbts Wetter mit de frühe weiße (Buren)!" wenn Jemand im Frühjahr helle Sommerhosen trägt. — Um jut Wetter bitten, um Pardon, Aufschub bitten. — „Vor so'n Wetter lieber jakeens!"

Wichse, Prügel. Red. „Allens eene Wichse!" d. i. Alles gleich. Wichsen, prügeln. „Det is klar wie Wichse (Stiebelwichse)!"

Wickel. Jemanden bei'n Wickel kriejen.

Widder, wieder. „Wat wist'n widder?"

Wiejen, wägen.

Wiejeschale, Wagschale.

Wiewe (vif). „Des Meechen is mir zu wiewe, die kann man nich trauen."

Willem, Wilhelm. — Eine besorgte Mutter ermahnt ihren Sohn beim Essen: „Eß langsam, Willem — du jloobst nich, wat man rinschlagen kann!" — Red. „Willem, der Leichenwagen kommt!" In den funfziger Jahren war ein alter, schon äußerlich auffallender Guitarrespieler in Alt-Berlin die freude der Straßenjungen, die ihn mit jenem Ruf verfolgten, weil es bekannt war, daß er vor Leichenwagen eine kindische furcht hatte. Jetzt wird die Redensart blos aus Ulk gebraucht.

Wilmb für Wilhelm in den Weißbierkneipen. „Wilmb, Weiße!"

Wimmeln, von der Schule wegjagen.

Wimmerholz, Guitarre.

Wind. „Er macht Wind!" d. i. er schneidet auf.

Windbeutel. 1) Gebäck mit Schlagsahne. 2) leichtfertiger Mensch.

Windig, unsicher, nicht gehener. „Da is et windig."

Windspiel, kleine Art von Papierdrachen.

Winspel, Wispel.

Wippchen, Schwindeleien. „Mach mir keene Wippchen vor!" (Zusatz: „Denn et kommt det Jardekorps.")

Wippe. 1) Schaukel. 2) Schiele Wippe, schielende Person.

Wippen, sich, sich schaukeln.

Wirgekohl, Wirsingkohl.

Wirthschaft. 1) Red. „Wieder 'n Stück in de Wirthschaft." 2) Lärm, Unordnung. „Mach doch hier nich sonne Wirthschaft!"

Wischer, Verweis.

Wissen. „Na weeßte" (Anfang einer Gegenrede.) — Red. „Det kann Eener alleene nich wissen."

Witze. „Mach doch keene Witze, komm man mit!"

Wo anders, anderswo.

Woche. Red. „Die Woche fängt jut an!"

Wodran denn? für wieso.

Wohl. Comparation: wöhler, am wöhlsten. — Red. „Leben Se (mir) sowohl als auch!" (beim Abschied.)

Wohlriechend. Red. „Schlafen Se wohlriechend!"

Wohnen. Red. „Bleib man nich jleich drin wohnen!" (wenn Jemand einen zu langen Zug aus der Weißen thut.) — Wohn nich = is nich!

Wolkenschieber, Art Mütze.

Wollonkel, Gutsbesitzer, der seine Wolle in Berlin zu Markte bringt.

Worum, warum. Worum denn?

Wrampiren. S. prampiren.

Wrangen, sich (auch wringen), sich balgen, ringen.

Wrasen, Wasserdampf.

Wratze, Warze.

Wribbeln, etwas mit den Fingerspitzen wirbeln.

Wricken, am Stern rudern.

Wugig, mit dichtem, ungekämmtem Haar. Wugekopp. Oft übertragen für (geistig) unordentlich, unklar.

Wunder. Red: „Er hat seinen Wunder" d. i. seinen Kummer. „Mach mir doch nich soviel Wunder" d. i. mach mir den Kopf nicht warm.

Wundern. Red. „Ich muß mir doch sehr wundern" u. s. w.

Wunderschön. Red. „Wunderschön is janischt dajejen!"

Wupdizität, Geschwindigkeit.

Wuppdich. Mit'n Wuppdich, mit Schwung, mit Eleganz. S. Zislaweng. Auch für Schnaps (vom schnellen Verschwinden).

Wurachen, mit Geräusch herum arbeiten.

Wurm, das. „Armes Wurm!" — „Wenn man so vier kleene Würmerkens hat —".

Wurmisiren, wurmen. „Det wurmisirt mir in Leibe rum." Auch von Menschen, herumpoltern.

Wurscht. „Wurscht wider Wurscht!" — „Det is mir Wurscht" d. i. gleichgültig. Ebenso „is mir wurschtig." Red. „Jetzt jeht's um de Wurscht" (beim Spiel vor der letzten Entscheidung). — 'n Kerl wie'n Fund Wurscht. — „Die Wurscht looft wieder bei'n Schlächter" (wenn die Bratwurst bei der Zubereitung einschrumpft). — Eenen de Wurscht anschneiden, d. i. ihn zur Rechenschaft ziehen.

Wurschtärme, dicke Arme bei Kindern.

Wurschtengel, Kind mit dicken Armen.

Wurschtkessel. Red. „Er sitzt in Abrahams Wurschtkessel" d. i. es geht ihm gut. In Wurscht-kessel liegen, verloren sein, bes. beim Spiel.

Wurschtpelle, Sprungriemen.

Wurzeln, tüchtig arbeiten.

Wuschen, wutschen, huschen. Durchwutschen.

X.

X für eine unbestimmte große Zahl: vor x Jahren.

X-Beene, nach auswärts gestellte, wie ein X.

X-beliebig, ganz beliebig.

Xlom. Schulkinder schließen das Alphabet: x, xlom, z.

Berliner Rebus: cccccccc mir nich, EEEEEEE ooch nich, d. i. Acht' se mir nich, acht' ick se ooch nich.

Z.

Zacken. 1) Baumast (auch eine Zacke). 2) Stück ('n Zacken Brot). 3) kurze Pfeife. 4) Rausch.

Zackern (auch zackeriren), keifen, zanken.

Zadder, Bindegewebe im Fleisch. Zadderig.

Zahn. Red. „Den Zahn laß dir man ausziehn!" d. i. das bilde dir nicht ein.

Zalm, Psalm.

Zanktippe, Xanthippe.

Zaperloosche (der), der zoologische Garten.

Zaruck, zurück.

Zauber, Festlichkeit, Aufführung. Fauler Zauber, Schwindel. (Zusatz: Musik von Auber.)

Zaunbillet. „Er hat'n Zaun-billet" d. i. er sieht über den Zaun zu, ohne Billet. Zaunjäste.

Zehne für Zehen. „Ick habe Frost an de Zehne."

Zehnte. Red. „Det kann der Zehnte nich verdragen!" — Auch der Zehnteste.

Zeises, Zeug, z. B. so'n jrienet Zeises aus de Apotheke.

Zeising, Zeisig.

Zeit für seit. „Zeit zwee Dage." Red. „Dabei kann Eenen Zeit un Weile lang wer'n."

Zejen, Zehen.

Zelten. Die Zelten statt Zelte im Thiergarten). Der Name stammt aus dem Anfang des vorigen Jahrhunderts. Damals boten dort zwei Franzosen in Leinwandzelten Erfrischungen aus.

Zerjen (auch zerjeln), ärgern, quälen. Zerjerei.

Zerknautschen, zerknittern.

Zermermeln, zerreiben.

Zerpolken, zerpflücken.

Zerreißen, sich, angestrengt arbeiten. — Sich um Einen zerreißen, sich sehr um seine Gunst, um seinen Umgang bemühen.

Zertöppern, zerschlagen.

Zertrampeln, zertreten, z. B. ein Beet.

Zibbe, Ziege. Auch weibliches Kaninchen.

Zicke. 1) Ziege. Zickenbock. Zickenbart, Kinnbart. 2) Mageres Pferd. Haberzicke. Zickig mager. 3) Die Zehn in der Spielkarte.

Zieh Kitt! Geh ab. Vgl. Leine.

Ziche, Pflege. Ein Kind in de Ziche jeben.

Ziehn. Red. „Det zieht nich" d. i.

es hat keinen Einfluß. — „Machen Se doch de Kommode (de Schranktiere, den Dosendeckel) zu! Det zieht ja so!"

Ziehjalie, Cigarre. Ebenso.

Ziehjarrn, der.

Ziehtrompete, Posaune.

Ziepen, an den Haaren zupfen.

Zierlappe, die, Geck.

Zijorje 1. Cichorie. 2. Cigarre.

Zille, Art Spreekahn.

Zimmt, Unsinn.

Zimmtblatt, Gebäck für Kinder.

Zinken. 1. Ransch. „Er hat'n jehörijen Zinken." 2. Nase.

Zipp. Red. „Der duht, als wenn er nich Zipp sagen kann!" d. i. sehr bescheiden.

Zislaweng. Etwas „mit'n Zislaweng" machen, d. i. mit besonderer Geschicklichkeit, mit „Pli". Vgl. Awed und Wuppdich. Auch die Form Zislawong kommt vor.

Zoddel, unordentliche Person. Olle Zoddel. Zoddelkopp. Zoddlig, unordentlich. Red. „Det is 'ne olle zoddlije Zucht."

Zoddeln, ziehen. Einem nach-zoddeln.

Zoddeln, lange Haare.

Zopp. Jem. uf'n Zopp spucken, wie uf'n Kopp.

Zopp, zopp, zaruck! zurück!

Zoppen, ziehen.

Zossen (auch Zosse), altes Droschkenpferd, vom Pferdemarkt in Zossen.

Zu. Ein zuer Wagen. S. zuig. — Zu Hause jehn. „Ick komme von zu Hause." - Red. „Na, denn man zu!" d. i. jetzt kann es losgehn!

Zubuddeln, zugraben.

Zuchen (eig. zugen), ziehen, vom Luftzug. „Det zucht hier so."

Zuchig.

Zucht, Unordnung. „Wat is 'n det hier vor'ne Zucht!" S. auch Zoddlig. — Zuchten machen, Lärm, Unordnung machen.

Zuckeldrab, langsamer Trab.

Zuckeln, ziehen, fahren, wie juckeln. Auch langsam gehen.

Zucker. Wenn die kleinen Mädchen etwas zeigen, aber nicht anrühren lassen: „Die duht ja, als wenn det von Zucker is!"

Zuckerkante, Kandiszucker.

Zudecken, verhauen. Auch betrügen, in's Unglück bringen.

Zug. Jemand uf'n Zug haben, ihm zürnen, böse sein. „Den hab ick ellig uf'n Zug!" — Einen uf'n Zug bringen, wie uf'n Drab. S. D. — „Nann Zug mid los!" d. i. fang 'an! (wie Schluß.)

Zunig, geschlossen. 'ne zuije Droschke.

Zumpel, der. 1. Lumpen. 2. liederlich aussehendes Frauenzimmer.

Zungenübungen. Die Katze tritt die Treppe krumm. — Der dünne Dietrich drug den dicken Dietrich durch den dicken Dreck u. s. w.

Zureden. Red. „Zureden hilft!"

Zurückzoppen, nachgeben, seine Behauptung einschränken.

Zusammenschrumpeln, einschrumpfen.

Zuschanzen, beisteuern. Ebenso Zuschustern.

Zuwachs. Uf Zuwachs berechnet, von weiten Kleidungsstücken.

Zwee. pleonastisch: „Wir zwee beede." — Red. „Dazu jehören doch zwee!" (wenn Jemand mit Ohrfeigen oder Aehnlichem droht.)

Zwelben (zwölf). „Von zwelben bis Mittag." — Pünkte zwelben.

Zwiebeln, peinigen.

Zwitschern (einen), trinken, vom Schnaps.

Verse und Spiele.

A. Kinderverse.

1.

Maikeber, fliege,
Dein Vater is in Krieje,
Deine Mutter is in Pommerland,
Pommerland is abjebrannt,
Maikeber, fliege!

2.

Schnecke Pumpecke,
Steck deine vier Hörnerchen raus,
Sonst schmeiß' ich dir in Jraben,
Fressen dir de Raben.

3.

Klapperstorch, du Luder,
Bring mir'n kleenen Bruder!
Klapperstorch, du Bester,
Bring mir 'ne kleene Schwester!

4.

Ein poprio, was raschelt im Stroh?
Es sind de Hulejänschen, die haben kein Schuh
Der Schuster hat Leder, kein Leisten dazu,
Sonst hätten de Hulejänschen schon längst 'n Paar
Schuh.

5.

Schlaf, Kindchen, schlafe,
In Jarten stehn zwei Schafe,
Ein schwarzes und ein weißes,
Un wenn das Kind nicht schlafen will,
Denn kommt das schwarze un beißt es.

6.

Backe backe Kuchen,
Bäcker hat jerufen;
(Hat jerufen die janze Nacht,
Kindlein hat kein Teig jebracht,
Schiebt's nich in den Ofen oder:
Na krigt's keinen Kuchen).
Wer will schönen Kuchen backen,
Der muß haben sieben Sachen:
Eier un Schmalz,
Butter un Salz,
Milch un Mehl,
Safran macht den Kuchen jeel.

7.

Na weene man nich,
In de Röhre stehn Klöße,
Du kriß se man nich!

8.

Unjefähr mit Löschpapier,
Morjen kommt der Untroffzier.

9.

Daterken mit's Röhrchen,
Haa mir nich zu fehreken!

10.

Heele, Kätzken, heele,
Det Kätzken hat vier Beene,
Det Kätzken hat 'n langen Schwanz,
Morjen is et wieder janz.

11.

Vater, die Lowise
Hat der Franz jefragt,
Ob er ihr ooch liebe,
Hat se ja jesagt.

12.

Eins, zwei, drei un vier,
Mutter, mach de Dühre zu,
'n Bettelmann is hier.

13.

Hans, Hans, wat machste da?
— Vater, ich studire.
Hans, Hans, det kannste nich,
— Vater, ich probier.

14.

Weeßte schon was?
Wenn't rejent, is't naß,
Wenn't schneet, is't weiß!
Du bist'n kleener Nasenweiß!

15.

Gott is dodt, Gott is dodt,
Jule ligt in Sterben.
Freu mir schon, freu mir schon,
Kann ich doch wat erben!

Varianten:

Was soll da, was soll da
Nu der Christian erben?
und:
Det is recht, det is recht,
Den verdammten Stiebelknecht.

16.

Meine Mutter hat jesagt,
Sauer is nich süße,
Nimm dir keene Bauermagd,
Die hat krumme Füße.
Nimm dir Eene aus de Stadt,
Die 'ne schlanke Tulje hat.

17.

Ju'n Dag, Herr Meier,
W'at kosten de Eier? —
Sechs Dreier. —
Det is mir zu deier.

18.

Da droben uf dem Berje,
Da is der Deibel los,
Da zanken sich zwee Zwerje
Um eenen Kattoffelflos.
(Der Eene hat jewonnen,
Der Andre hat verspielt,
Da haben se sich beede
In Sande rumjewühlt.)

19.

Braut un Bräutjam küssen sich,
Andre Leute wissen't nich,
Braut un Bräutjam vertragen sich,
Andre Leute schlagen sich.

20.

Cirum larum Löffelstiel,
Alle Weiber fressen viel.

21.

Will euch was erzählen,
Von de Muhme Neelen,
Muhme Neelen hat 'n Jarten,
Hier 'n Jarten, da 'n Jarten,
Un das is 'n runder Jarten.
In den Jarten steht 'n Baum.
Hier 'n Baum un da 'n Baum,
Un das is 'n runder Baum.
U. s. w.

22.

Morjen, meine Herrn,
Aeppel sind keene Bern',
Bernen sind keene Aeppel,
De Wurscht hat zwee Zeppel,
Zwee Zeppel hat de Wurscht.
Der Bauer leidt Durscht,
Durscht leidt der Bauer,
Das Leben wird ihm sauer,
Sauer wird ihm das Leben,
Der Weinstock hat drei Reben,
Drei Reben hat der Weinstock,
Ein Kalb is kein Ziejenbock,

Ein Ziejenbock is kein Kalb,
Meine Predigt is halb,
Halb is meine Predigt,
Der Bauch is mir ledig,
Ledig is mir der Bauch,
Meine Predigt is aus!
(Mit Variationen auch sonst in Norddeutsch-
land bekannt.)

23.

Is 'n Jude int Wasser jefalln,
Hab' ihn hören plumpen;
Wär ich nich dazu jekomm',
Wär' der Jud' ertrunken!
(G. W. 54.)

24.

Der soll über de Nase sehn
Un barfüßig zu Bette jehn!

25.

Ach ick bin so müde,
Ach ick bin so matt!
Möchte jerne schlafen jehn,
Morjen wieder früh ufstehn.
Ach ick bin ꝛc.

26.

Alexander!
Tritt 'n Dreck von 'nander.

27.

Es war mal'n Mann,
Der hieß Punipann,
Punipann hieß er,
In de jroße Trompete stieß er.

28.

Pietsch kommt, Pietsch kommt,
Pietsch is kreuzfidele,
Er hat 'n kleenen Spitz in' Kopp (jekooft),
Der sitzt 'n in de Kehle.

29.

Ach, ach, ach, ach, Herr Meier,
In' Ochsenkopp is Feier!
Da brennt det janze Hinterhaus,
Da schmeißt der Eene den Andern raus.
Ach, ach ꝛc.

30.

Eisele Beisele (Ulrich, Bullrich) jing in' Laden,
Wollt vor'n Dreier Nese haben,
Vor'n Dreier Nese jibt et nich,
Eisele Beisele, fluß dir nich!

31.
Wat jeschenkt, bleibt jeschenkt,
Kommt nich widder in't Haus jerennt.

32.
Ochse, Esel, Osterlamm,
Kennste nich 'n Weidenbamm?

33.
Edensteher Tante,
Jeh bei deine Tante,
Setz dir uf 'n Schemuel,
Eß 'ne Buttersemmel,
Setz dir uf 'n Disch,
Eß 'n jroßen Fisch.

34.
Eene Bohne Tintefaß,
Jeh nach Schule an lerne was.
Wenn de was jelernet hast,
Komm zu Hause an sag' mir was.
Auch „Eene Tene (Ohne Bohne, Bonaparte)
Tintefaß".

Variante:
Bunte Bohne Tintefaß,
Jeh nach Schule un lerne was,
Lernste was, denn kannste was,
Kannste was, denn biste was,
Biste was, denn haste was,
Bunte Bohne Tintefaß.

35.
Hans, Pumpanz,
Dreibeeniger Hans,
Wie de Winkus kann danz,
Wie de Winkus,
Wie de Wankus,
Katholischer Hans!

36.
Bah!
Der Affe steht da,
Der Bär kiekt zu,
Un det bist du!

37.
Biste bese?
Belß in' ollen Kese!
Biste wieder jut?
Kiek in' ollen Hut!

38.
Wer nich kommt zur rechten Zeit,
Der muß essen, was übrig bleibt.

Is das nich 'n jroßer Esel?
Hat's jeschrieben un kann's nich lesen!

39.
Zankt euch nich un streit't euch nich,
Kriegt euch lieber in de Haare (bei de Köppe).

40.
Sechs mal sechs is sechsunddreißig,
Un de Frau is noch so fleißig,
Un der Mann is liederlich,
Jeht de janze Wirthschaft nich.
Wenn de Frau will Kaffe kochen,
Hat der Mann den Topp zerbrochen;
Wenn de Frau will Semmel holen,
Hat der Mann det Jeld gestohlen.

41.
Mach mir feene Wippchen vor,
Denn et kommt det Jarbekorps.

42.
Fliederthee, Fliederthee,
Ach mir thut der Bauch so weh!

43.
Marie Mara Maruschkata,
Marie Mara Marie,
Wenn hier 'n Topp mit Bohnen steht
Und da 'n Topp mit Brüh,
Denn laß' ich Brüh and Bohnen stehn
Un nehme meine Marie.

44.
Herr Schmidt, Herr Schmidt,
Was kriegt de Jule mit?
'n Schleier und 'n Federhut,
Der steht de Jule jar zu jut.

45.
Ick will dir mal mal sagen
Von 'n alten Wagen,
Wenn er feene Räder hat,
Kann er nich mehr fahren.

46.
Johann, spann an,
Drei Katzen voran,
Drei Ferde voruf,
Johann sitzt druf.

47.
Weeßte, wo ick wohne?
In de Bumskanone.
Weeßte, wo ick sitze?
In de Pudelmütze.

. . .

Bumskanonenjasse (Strippenstraße) Nr. 000,
Wo de Heringe Schildwach stehn
Un de Bücklinge aus 't Fenster sehn.

48.
U b — ab,
Mein Schnappsack,
J n — in,
Is nischt drin.

49.
Wer will haben? — Jch!
Speck mit Maden!

50.
Rechten, linken,
Speck un Schinken,
Wurscht un Braten,
Fressen die Soldaten.
(Essen jerne die Soldaten.)

51.
Fritze, Fritze,
Dir wachsen ja de Haare aus be Mütze!

52.
Fritze, Stiejlitze,
Dein Zeisig is doht,
Ligt unter de Banke (Mütze)
Un frißt 'n Stück Brot (auch keen Stück).

53.
Fritz, Fritz, Friederich,
Sei doch nich so liederlich!

B. Abzählverse,
(um festzustellen, wer beim Spiel anfangen
muß, wer „drau is").

54.
Eins zwei drei vier fünf sechs sieben,
Eine alte Bauerfrau kocht Rüben,
Eine alte Bauerfrau kocht Speck,
Jch oder du bist weg.
(Statt Rüben auch Klieben, d. i. Klieter,
Mehlklößchen).

55.
Eins zwei drei (u. s. w. bis) zwanzig.
Die Franzosen zogen vor Danzig,
Danzig fing an zu brennen,
Da kriegten die Franzosen das Rennen,
Auf Pantoffeln und Schuh,
Immer nach Frankreich hinzu.

Varianten:
Ohne Strump und ohne Schuh,
Rannten sie nach Frankreich hinzu.

Und rannten von hier bis an die Eck,
Jch oder du bist weg.

56.
Eene meene ming mang,
Kling Klang. (ping pang, jing jang)
Ose pose packe dich,
Eia weia weg.

57.
Uepchen püpchen Rübchenzahl,
Uepchen püpchen Knoll.
(Statt üpchen püpchen auch öngchen pöngchen.)
Hierbei wird nach Aufheben zweier Finger von
jeder Hand abgezählt.

58.
Eins zwei drei vier,
Komm mit nach Bier,
Fall' nich in Dreck,
Sonst bist du weg!

59.
Entchen Dentchen Dintchen Dantchen,
Zebe de Lebe de bunte Klantchen,
Zebe de Lebe de Buff.

60.
Ab an dran,
Medel Mann,
Wer den Finger kriyt,
Is dran!

61.
Eins zwei drei,
Dicke hacke bei,
Dicke hacke Haberstroh,
Sieben Kinder waren doht,
Eins lag untern Tisch,
Kam die Katze mit'n Fisch,
Kam der lange Leineweber,
Schlug die Katze auf das Leder,
Schrie die Katz miau,
Meine liebe Frau.

62.
1, 2,
Polizei.
3, 4,
Unt'roffzier.
5, 6,
Alte Her'.
7, 8,
Jute Nacht.
9, 10,
Schlafenjehn.
11, 12,
Hinter das Jewölb,
Da is eine Maus,
Die muß raus!

63.
Ong brong dree,
Kauerlemmerfee,
Lemmer fi, lemmer fo,
Die Kapelle Santkimo,
Santkimo de Colibri,
Colibri de Tepperi,
Ong brong dree,
U ree!
(Wohl von der französischen Colonie stammend.
Die ersten vier Wörter sind offenbar entstanden
aus un deux trois quatre.)

64.
Ich und du,
Müllers Kuh,
Müllers Esel,
Das bist du.

65.
Zehne, zwanzig, dreißig.
Wer war fleißig?
Wer war faul?
Der krigt eins auf das große Maul.

66.
Ene dene,
unke funke,
rabe schnabe,
tippe tappe,
tese nappe,
ulle pulle,
roß raus,
Du ligst draus!

67.
Uier Peter Irenstrick,
Sieben Katzen schlugen sich
In 'ner dustern Kammer
Mit'n blauen Hammer.
Eine krigt 'n harten Schlag,
Daß se hinter de Thüre lag,
Ab — an — dran!

68.
a.
Amtmann Bär,
Schickt mich her,
Ob der Kaffe fertig wär.
Nein, mein Kind, du mußt noch warten,
Ich so lange in den Garten,
Uhre acht, Uhre neun
Wird der Kaffe fertig sein.

b.
Amtmann Bär
Schickt mich her,
Ich soll holen
Zwei Pistolen,
Eine für mich,
Eine für dich,
Du bist ab und ich noch nicht.

69.
Erne Bohne Tintefaß,
Ich nach Schule an lerne was.
Als mein Vater Schnitter war,
Schnitt er mir 'ne Piepe;
Piept' ich alle Morjen,
Jing't als wie 'ne Orgel,
Schnipp schnapp,
Kesenapp,
Ich oder du mußt ab.

70.
Eene meene Räthsel,
Wer backt Prezel?
Wer backt Kuchen?
Der muß suchen.

C. Spielverse und Scherze.

71.
Maierjen (Rejenboom, Rejenbogen), mach mir
nich naß,
Mach ander Leutens Kinder naß!

72.
So fahren de Damen,
So reiten de Herren,
So stuckert der Bauer!
(wenn man kleine Kinder auf den Knieen
reiten läßt.) Ebenso:

73.
Hop hop hop Reiter,
Wenn er fällt, denn schreit er;
Fällt er in den Graben,
Fressen ihn die Raben;
Fällt er in den Sumpf,
Macht der Reiter Plums!

74.
Das ist der Daumen,
Der schüttelt die Flaumen,
Der rapt sie auf,
Der trägt sie heim,
Und der kleine Schelm frißt sie ganz allein.
oder
Der ißt sie,
Der frißt sie,
Der sagt: Ich wers de Mutter sagen.
(mit mehrfachen Variationen), wird den Kindern
an den fünf Fingern deutlich gemacht.)

75.

Da haft 'n Dahler,
Jeh nach 'n Marcht,
Koof 'ne Kuh,
'n Kälbchen dazu —
Kibbeldibbeldänsefen!
(Kälbchen hot Schwänzchen,
Dibbeldibbeldänzchen!)

76.

Wo wohnt'n Matter Cepperken?
Noch 'n Treppfen höher!

77.

Ich sage dir wahr,
Deine Hand is flar;
Ich sage dir was,
Deine Hand is naß.
(wobei auf die Hand gespieen wird.)

78.

Kommt 'n Schiff jefahren,
Is noch nich beladen;
Wer was jibt, is Engelten,
Wer nischt jibt, is Deibelten
(wobei mit hohler Hand gebettelt wird.)

79.

Ich schneide, schneide Schinken,
Wen ich lieb hab', werd' ich whifen.
Ich schneide, schneide Sped,
Wen ich lieb hab', hol ich weg.

80.

Klobe Klobe Holz —
Dein Vater schießt Kabolz.

. . .

Kick mal nach 'n Himmel —
Dein Vater drinft 'n Kümmel.

. . .

Rother, rother Feierherd —
Dein Vater is keen' Dreier werth.

81.

Abraham und Isaak,
Die zankten sich un'n Zwieba-ack,
Der Zwieback brach inzwei,
Abraham frigt das Ei.
(oder: Da warrn's ihrer drei.)

82.

Das eff' ich,
Das trinf ich,
Das jeb' ich den Armen.

83.

Wer mir de Jans gestohlen hat,
Der is ein Dieb,
Un wer se mir denn wiederbringt,
Den hab' ich lieb. —
Da steht der Jänsedieb!

84.

Ziehet durch, ziehet durch,
Durch die joldne Brücke!
Sie is inzwei, sie is inzwei,
Wir woll'n se wieder flicken.
Mit was, mit was?
Mit Steinerlein, mit Steinerlein!
Der erste kommt, der zweite kommt u. s. w.
(beliebig ausgedehnt)
Der xte muß gefangen sein.

85.

Was keeft der Herr? — Junges, junges
Döjelein. — Was für ein? — Taube! —
Is nich da! — Nachtijall! — Nachtijall, fliege
aus! — Chor: Komm wieder in mein Haus!
Komm ic.

86.

Ringel Ringel Rosenkranz,
Setz' 'n Töppfen Wasser auf.
Morjen woll'n wir waschen,
Jroße Wäsche, kleine Wäsche —
(Wenn der Hahn wird krähen (krejen),
Schlagen wir'n uf'n Brejen),
Kikeriki!
Statt der drei letzten Zeilen auch:
Bis der Kessel voll is.

87.

Spinne flare Seide,
So flar wie ein Haar,
Es verjingen sieben Jahr;
Sieben Jahr sind um und um,
Fräulein N. N. dreht sich um,
Fräulein N. N. hat sich umjekehrt,
Der Bräutijam hat ihr 'n Kranz bescheeret,
So flar ic.

88.

Hier is jräu un dort is jräu
Wohl unter meinen Fäßen,
Ich hab' verloren meinen Schatz,
Ich werd' ihn suchen mäffen.
Dreh' dich um, dreh' dich um!
Ich kenne dich ja nicht.
Bist du es oder bist da's nicht,
Die mir ein Küßchen schuldig ist?
Ach nein, ach nein.
Du bist (sie ist) es nicht,
Die mir ein Küßchen schuldig ist.

resp.

Ach ja, ach ja,
Du bist (sie ist) es ja,
Die mir ein Küßchen schuldig war.

89.

Komm, wir wollen wandern jehn,
Von einer Stadt zur andern jehn.
(In be Kutsche fahren wir,
Auf'n Esel reiten wir)
Ri ra rutsch,
Wir fahren in de Kutsch.

90.

Ei ei, Herr Papajena,
Wie hat er sich versehn,
Das allerschönste Mädel
Das hat er laffen stehn.

. . . . . .

Hat's brav (schlecht) jemacht, hat's brav jemacht,
Drum wird er auch nich (ornttlich) ausjelacht.

91.

Ich jing mal über 'ne Brücke,
Un die war naß,
Da bejejente mir 'ne Zicke,
Un die fraß Jras.

92.

Burter Burter Sidebus,
Wieviel Hörner hat der Bock?
Einer dreht sich um; der frager hält z. B. drei
Finger hoch, der Gefragte räth fünf — dann
bekommt er Schläge zu dem Vers:
Hättste drei jerathen,
Wärste nich jebraten!
und wenn er gerathen hat:
Haste fünf jerathen,
Wirst ooch nich jebraten.

93.

(Antwort) beffen, der den „Letzten" behält:
Der Letzte ist mir lieb,
Dein Vater is 'n Dieb!
Der Letzte hat jekoffen,
Deine Mutter is besoffen!

94.

Kinnewippfen,
Nesebrippfen,
Oogenthreneken,
Ziep, ziep, Mareeneken.
(Hierbei werden Kinn, Nase und Augen be-
rührt, dann an den Haaren gezogen.)

95.

Abam hatte sieben Söhne,
Sieben Söhne hatt' Abam.
Se aßen nich, se tranken nich,
Se waren alle lieberlich,
Se machten alle so wie ich:
(Alle machen nach, was vorgemacht wird.)

96.

Kegeljungenverse.

Irenabier!
Der Kegeljunge hat keen Bier!

Batalljon!
'n Kejeljungen durschtert schon!

97.

Kaiser, König, Edelmann,
Bärjer, Bauer, Bettelmann.
(Der künftige Stand wird von den Kindern aus
dem Abzupfen von Akazienblättern prophezeit.)

98.

Autte, Naute, Sefferkuchen,
Morjen jehn wir Aeppel suchen!

99.

Klipp klapp Mille,
Meine Mille jeht,
Deine Mille steht.
(Beim Mühlespiel auf der Schiefertafel.)

100.

Dreht euch nich um,
Der Plumpsack jeht rum!

101.

Fürcht' euch nich vorn schwarzen Mann!
— Nich vorn rothen Heller (Fennig)!

102.

Beim Jagdspiel:
Häseken, verschwinde,
Wie de Wurscht in Spinde!

—

Häseken, verschwind, verschwind,
Daß dich des Jäjers Hund nich findt;
Findt er dich, so schießt er dich,
Piff, paff, puh!

103.
Aller Kese ſtinkt!
Aller Kese hat jeſtunken!

104.
Hie baee hoe,
(N. N.) kommt mit 'n Stock.
In ea ld,
Wat will er denn damit?
Kum fal esse,
Haut'n in de Freſſe,
llé llá lldd,
Daß es man ſo blut't.

105.
Kemel, bis, ter, quater;
Semmel heißt der Kater.

106.
Mund auf, Augen zu!

107.
Wer zum erſten ſpricht — ich!

108.
Ich jing in den Wald — ich auch —
Da kam ich an 'n Haus — ich auch —
Da jing ich die Treppe rauf —
Da kloppt ich an die Thür —
Da machte man mir auf —
Da forderte ich mir 'n Kese —
Un der ſtank — ich auch!

D. Stammbuchverſe.

109.
Roſen, Tulpen, Nelken,
Alle Blumen welken,
Stahl und Eiſen bricht,
Aber unſre Freundſchaft nicht.

110.
Unſre Freundſchaft die ſoll brennen,
Wie ein dickes Dreierlicht,
Freunde wollen wir uns nennen,
Bis der Kater Junge kriegt.

111.
Lebe glücklich, lebe froh,
Wie der Mops im Paletot.

112.
Berlin, den Datum weiß ich nicht,
Keinen Kalender hab' ich nicht,
Die Tinte iſt mir eingefroren,
Die Feder hab' ich auch verloren,
Das Bleiſtift iſt mir abgebrochen,
Vor Angſt bin ich in's Bett gekrochen.

113.
Liebe mich, wie ich dich!
Hopſaſa — Gedankenſtrich.

114.
In dein Stammbuch muß ich rein,
Und ſoll's die kreuz und quere ſein.
(quer geſchrieben.)

115.
Auf der letzten Seite:
Wer dich lieber hat als ich,
Der ſchreibe ſich hinter mich.

116.
Auf dem Deckel:
Ich liebe dich noch mehr,
Und ſchreibe mich hinterher.

117.
Symbol:
Berg auf! Berg ab!
Zuletzt in's Grab!
Symbolum:
Meide das Grab!

E. Spottverſe.

118.
Berliner Kind,
Spandauer Wind,
Charlottenburger Pferd,
Sind alle drei niſcht werth.
G. Bachmann hat folgenden ſchon 1666
gedruckten Spruch mitgetheilt (S. Der Bär,
1879, No 3):
Speyer Wind,
Heydelberger Kind,
Heſſen Blut
Thut ſelten gut.

119.
Ick un det un Fiele mal,
Oogen, Fleeſch un Beene:
Die Berliner allzumal
Sprechen jar zu ſcheene.

120.
Amazone, Krinolin,
Löcher in de Strümpe un Klotzpantin'.
(Amazone bezieht ſich auf die Mode der
Amazonenhüte.)

121.
Cadett, Cadett, Kaldaunenſchlucker,
Drink'n Kaffe ohne Zucker!

Variante:

122.
Blanke Knöppe,
Leere Töppe,
Joldne Treffen,
Nischt zu freffen,
Joldnen Kragen,
Nischt in Magen.

123.
Fledermaus
Uebert Haus,
Zieh den Bäcker de Hosen aus!

124.
Schofschtenfejer,
Klimkendrejer,
Ufjehangen,
Wiederjefangen!

125.
Rennsteenflauer,
Ueber de Mauer,
Morjen wirste Sirupsflauer.

126.
Ne jroße Tiete un nischt drin,
Det is'n Koofmich sein Jewinn.

127.
Böttcher, Böttcher, bum bum bum,
Haut de Frau den Pudel krumm,
Legt se uf de Lade,
Haut se wieder jrade.

128.
Seht den Himmel wie heller,
Lauter Schuster un Schneider!

129.
Wenn der Schneider reiten will,
Un hat keen Pferd,
Denn setzt er sich uf'n Ziejenbock
Un reit't verkehrt.

Variante:
Wenn der Schneider reiten will,
Un hat keen Jaul,
Setzt er sich uf'n Ziejenbock
Un nimmt 'n Schwanz int Maul.

130.
Schneider meck meck
Fall' nich in Dreck.

131.
Schneider meck meck,
Stiebel voll Dreck,
Hosen voll Wanzen,
Kann nich mit danzen.

132.
Un was 'n juter Schneider is,
Muß wiejen sieben Pfund,
Un wenn er das nich wiejen thut,
Denn is er nich gesund.

133.
Rothkopp, Feierkopp,
Stech de janze Welt an!

134.
Kahlkopp,
Schmier' Butter druf,
Setz Kejel uf —
Schieb um! (alle Neune!)

135.
April April April!
'n Narren kann man schicken wohin man will!

136.
Mai Mai Mai!
April is schon vorbei!

F. Parodirte Citate.

137.
Mein erst Jefühl sei Preuß'sch Courant,
Mein zweetes harte Dahler (Kassenscheine).

138.
Wo du nich bist
Herr Jesus Christ (Herr Orjanist),
Da schwiejen alle Flöten.
(mit der Bewegung des Geldzählens.)

139.
Erhebe dich, mein schwacher Jeist!

140.
Wenn ich dies Wunder fassen will,
So steht mein Jeist vor Erfurt still.
Kein endlicher Verstand ermißt,
Wie jroß die Festung Erfurt ist.

141.
Alle Menschen müssen sterben,
Alle Ochsen fressen Heu.

142.
Juter Mond, du jehst so stille
Durch de Paddenjasse hin.
(Stoßt mit deine alte Spille
Meister Pfriem det Fenster in.)
Die Paddengasse ist die jetzige kleine Stralauer
Straße.)

143.
Schaute mit verjnägten Sinnen.

144.
Sieh da, sieh da, Timotheus,
Die Jbiche des Kranikus!
(Da fällt 'ne Frau von' Omnibus!)

145.
Freude scheener Töpperjungen,
Morjen schmier'n wir Ofens aus.

146.
Wer wagt es, Knappersmann oder Ritt,
Zu schlauchen in diesen Tund?

147.
Sprachs und schlug sich buschwärts in die Seite.
(Seume, der Canabier.)

148.
Weene nich, et is verjebens,
Jede Thräne dieses Lebens
Fließet in ein Kellerloch —
Deine Kelle kriste doch!

149.
Sohn, da haste Ribbespeer, ·
Nimm ihn dir, ick kann nich mehr!
Nimm dir ooch den Sauerkohl,
Denn mir is heut nich recht wohl.
Dies Jerichte, fett un rar,
Eß ick nu schon manches Jahr.
Einmal jede Woche frisch
Bringt's die Mutter up'n Tisch.

150.
Reichthum schändet nich,
Armuth macht nich jlücklich.

151.
Lebe, wie du, wenn du stirbst,
Wünsche wohl jespeist zu haben.

152.
Spiele nich mit Schießjewehr,
Denn es fühlt wie du den Schmerz.

153.
Quäle nie ein Thier zum Scherz,
Denn es könnt' jeladen sein.

G. Uns Possen.

154.
Berlin, Berlin is 'ne jöttliche Stadt,
Wenn man blos bei nöthije kleene Jeld hat.

155.
Da sitzt er nu mit des Talent
Un kann es nich verwerthen.

156.
Kinder, seht euch Meiern an,
Nehmt euch een Exempel dran.
(Aus der Posse „Berlin bei Nacht" von Kalisch.)

157.
Ob Christian oder Itzig,
's Jeschäft bringt's mal so mit sich.
(Aus „Berlin bei Nacht".)

158.
Da stehste mir, da haste mir,
Da haste deinen Unteroffzier (Kriejer).
(Aus „Köck und Guste" von Friedrich.)

H. Vermischte Verse.

159.
Du bist verrückt, mein Kind,
Du mußt nach Berlin;
Wo die Verrückten sind,
Da jehörste hin.

160.
Det jrößte Portmonnee
Hat Ladewig, hat Ladewig,
Der Büjel is inzwee,
Det schadt ja nich, det schadt ja nich.
Varianten:
Det weeß er nich, det weeß er nich,
oder:
Nu schnappt er nich, nu schnappt er nich.

161.
Denkste denn, denkste denn,
Du Berliner Flanze,
Denkste denn, ick liebe dir,
Weil ick mit dir danze?

162.
Stiebel muß sterben,
Is noch so jung, jung, jung!
Wenn das der Ablaß wüßt,
Daß Stiebel sterben müßt —
Stiebel muß sterben,
Is noch so jung!

163.
Wenn det nich jut vor de Wanzen is,
Denn weeß ick nich, wat besser is.

164.
Mädel, wasch dich, puh dich, kämm dich schön,
Denn du weißt, wir wollen bei Iräberts jehn.
(Melodie zum Rheinländer.)

165.
Was is mich das nili dich, mein Kind?
Du isht mich nich, du trinkst mich nich,
(Du stippst mich nich in' Kaffe in)
Du bist mich doch (nich krank?) wol wol?
So nimm dich was un stipp dich in,
So wird dich widder besser sin.

166.
Hurrjott, Hurrjott, jetzt kommt's!
Wenn er kommt, denn is er da,
Denn jehn wir nach Amerika.
Amerika det is zu weit,
Denn jehn wir nach de Hasenhaid.

167.
Ach, es jeht jemüthlich,
Auf der Ferdebahn,
Det eene Ferd det zieht nich,
Det andre det is lahm!

168.
Ach, du mein lieber Jott,
Muß ich schon wieder fort,
Auf die Schossee,
Nach Iransee!
(Nach der Melodie des Postsignals).

169.
Det neue Lied, det neue Lied,
Von den verloffnen Fahnenschmied!
Un wer det Lied nicht weiter kann,
Der fängt et wieder von vorne an.

170.
Ick bin jerührt wie Appelmuß,
Zerfließe wie Pomade,
Mein Herz schlägt wie 'n Ferdefuß
In meine linke Wade.

171.
Det is nett, det is schön,
So wat hat man in Perleberg
Noch niemals nich jesehn!

172.
Wollt ihr dies sehn,
Wollt ihr das sehn,
Wollt ihr Pickelbachen seinen Aß sehn?

173.
Hannemann, jeh du voran.
Du hast de Wasserstiebeln an!
(G. W. 65.)

174.
Haut se, haut se, haut se,
Haut se uf de Schnauze!

175.
Ja ick hab's ja jleich jesagt,
Die Wurscht die schmeckt nach Seefe.

176.
Wat kann da sein, wat kann da sein?
Wer praktisch is, fällt niemals (ooch mal) rein.

177.
Det kommt noch so von unjefähr,
Da kann er nich davor.

178.
Jesus sprach zu seine Jünger:
Wer keen Löffel hat, ißt mit de Finger.

179.
Stoß dir nich an Faustens Ecke,
Denn da jibt et blaue Flecke.

180.
Sehn wir uns nich in dieser Welt,
So sehn wir uns in Bitterfeld.

181.
Da sprach der Herr von Röder:
Halt oder stirb entweder!

182.
Lieber 'n Darm verrenkt,
Als 'n Wirth jeschenkt.

183.
Wat besser is als 'ne Laus,
Det nehm' ick mit nach Haus.

184.
Häßlichkeit entstellet immer,
Selbst das schönste Frauenzimmer.

185.
Auch der Selbstmord ist Verbrechen,
Wenn er zur Jewohnheit wird.

186.
Bescheidenheit is eine Zier,
Doch weiter kommt man ohne ihr.

187.
Mit Jebuld un Spucke
fängt man eine Mucke.

188.
Untern Mühlendamm,
Da sitzt 'n Mann mit Schwamm,
Ach der arme, arme, arme Mann!
Kommt 'n Leutnant an (oder: Kommt 'n Land-
wehrmann),
Kooft vom Dreier Schwamm;
Ach der arme, arme, arme Mann!
Er streicht wohl eenmal an,
Er streicht wohl zweemal an,
Er streicht wohl eenmal, zweemal, dreimal an.
Det is ja Luderzeug,
Wat man hier bei euch krickt!
So'n Luderzeug von Schwamm det koof ick nich!

189.
Auf einen Omnibus
Saß ein Mechanicus,
Der hatte Lachstiebel an.
Da kam ein andrer Mann,
Der hatte welche an,
Die rochen nach Thran;

Da sagt der eine Mann:
Sie haben ja Stiebel an,
Die riechen nach Thran!
Da sagt der andre Mann:
Wat jetzt denn Sie det an?
'n Jeder stinkt, so jut er kann.

190.
Zu Bett, zu Bett, ihr Lumpenhund,
Es is die letzte Viertelstund',
Zu Bett, zu Bett, zu Bett!
(Melodie der Retraite. Ebenso:)

De Landwehr steht an Kupperjraben,
Se woll'n ihr Traktemente haben,
Ju'n Nacht, ju'n Nacht, ju'n Nacht
Varianten (Zeile 3):
Der Hauptmann schreit: Jebuld!
oder
Jebuld — Jebuld — Jebuld!

191.
Dieses Büchlein hab' ich lieb,
Wer 's mir stiehlt, der ist ein Dieb!

J. Spiele,

die auf der Straße und im Freien gespielt werden, lösen sich in regelmäßiger Folge und mit großer Pünktlichkeit ab. Mit dem Frühling beginnt das Murmelspiel, das bis Ende März dauert. Darauf herrscht der Triesel, vom Mai an das Ballspiel in allen seinen Arten. Der Hochsommer hat keinen bestimmten Charakter. Mit den Stoppelfeldern erscheint der Drachen, an dem auch Erwachsene regen Antheil nehmen.

Murmel, auch Märmel und Mermel (Klippkieler, Knipp-kieler) und bunte Hunde. Mirks und Marks („Haste Mirks?") — Murmelkute. — Sie werden geatert oder gepatert d. i. gestohlen („Freipatern jetzt!"). — „All's!" — Nutte, obligate Zurückerstattung eines Procentsatzes des Gewonnenen; von der Nutte giebt es wieder eine Bamsche, von dieser eine Bege. — „Uns wat spieln wir'n? Ausjeckschen oder Auszahlen?" — „Zahl mir zehne!" — Klietschen oder Teckeln, das Berühren der Murmel. — „Kliemer jült!" — Wenn man Alles verloren hat, ist man baal oder bam. — „Du, schieß' mir'n paal!"

Triesel, Kreisel. Oben ist ein Stück rothes Zeug aufgenagelt (der Paß), unten eine Pinne. Jeder Triesel ohne Paß oder Pinne kann pepatert werden.

Ballspiel. Arten: Absetzeball, Anziehball (Waschen, Kämmen, Schuh-
anziehen zwischen Hochwerfen und Fangen), Fangeball, Jahresball,
Keseball, Klassenball, Königsball, Kreisball, Partieball, Rau an' Baß! (auch
Rannebam), Rundball, Sauball.
Keseball. A wirft B die Ballkelle zum Abknebeln zu.
Nachdem alle Mitspielenden die Fäuste an der Kelle über einander
gesetzt, wird gefragt: „Wieviel Finger zelten noch?" Der Letzte, der die
Kelle am oberen Ende hält, muß drei Schläge an dieselbe aushalten, um
Schläger zu sein. Er bestimmt den Aufschenker und den Kese-
jungen und ruft, indem er die Kelle um sich schwingt: „Paß vor
de Ballkelle!" — „Nischt uf de Faus!" besagt, daß der Ballwerfer
sich den Schlägern nicht nähern darf.
Drachenspiel.
Drachen, Kreuzspinne, Windspiel. Der Drachen wird
ufjeschenkt, d. i. hochgehalten. Er dudelt rum, wenn der
Spann schlecht steht oder der Schwanz zu leicht ist. Apostel sind
durchlöcherte Papierscheiben oder Röhren aus Papier, die durch den Wind
an der Strippe hinaufgetrieben werden. Drachen schneiden,
den Bindfaden durchschneiden. Drachen setzen, ihn zerreißen. „Au
du, den wolln wir setzen!"
Zeck (Greifen). Arten: Gehzeck, Huckezeck, Schneidezeck, Holzzeck, Eisen-
zeck, Treppenzeck, Brückenzeck, Vaterlandszeck, Zauberzeck. — „Wider-
schlag zelt nich!" — Das Frei. („Frei is nich!" — „Frei aus!" —
„Eins zwei drei, wer nich rausrennt, is mein!")
Anschlagezeck oder Anschlageversteck. („Noch lange nich!" —
„No' nich!" — „Nanu!" — „Eins zwei drei vor mir!")
Abklatschen (Fangezeck). „Eins zwei drei, die beiden Hintersten
rennen vorbei!"
Freikeck raus! — Räuber und Prinzessin. — Räuber,
Wandrer, Stadtsoldat. — Fuchs aus't Loch (Keile
kriste doch)!
Brückmann, Spiel auf den Rinnsteinbrücken. „Ick jeh' uf deine Brücke!"
Fasseln, Spiel mit Bohnen oder kleinen Steinen. Es wird fast nur auf
den steinernen Treppenstufen vor den Häusern gespielt.
Schafskopf wird nur im Frühjahr (bis Anfang Juni) gespielt. Es kommt
darauf an, daß man, auf einem Bein hüpfend, einen Scherben durch die
Felder einer mit Kreide auf das Trottoir gezeichneten Figur, unter ver-
schiedenen Erschwerungen, stößt, ohne einen Theilungsstrich zu berühren.
Das vorletzte Feld ist die Hölle, das letzte (No. 13) der Himmel.
Lange lange Leinewand. Die Kinder stehen, sich an den Händen
fassend, an einem Zaun. Sie dehnen sich lang aus und rollen die Linie
auf. Dann kommt der Käufer, kauft ein paar Ellen, rückt mit der Leinewand aus u. s. w. Beim Wiegen wird gesagt: „So leicht wie 'ne
Lausepelle!"

Wassertragen. Zwei Kinder stemmen die Füße aneinander, fassen sich mit den rechten Händen und schwingen sich im Kreise. Aehnlich: Schweben, wobei man sich aber mit beiden Händen überkreuz faßt.

Schlibbern, auf dem Eis hingleiten. Abarten: 1) Soldatenschlibbern, mit geschlossenen Füßen. 2) Vaterunserschlibbern, mit gefalteten Händen. 3) Lauseknacken, wobei mit einem Absatz aufgestampft wird. 4) Judenschlibbern, wobei man vorher in die Höhe springt.

Abnehmen, Spiel mit Bindfaden, der um die Finger gelegt zu künstlichen Figuren verschlungen wird (Wiege, Laterne, Walfisch, Kaiserkrone u. a.)

Schelte, Schläge, gute Worte, Orakel, das von Kindern aus dem Abzupfen von Akazienblättern geholt wird.

Ich seh doch was, was du nich siehst. — Wat vor'ne Couleur? Feuer, Wasser, Kohle.

Jakob lacht, Jrete weint.

Jakob, wo bist du?

Schulspiele und -Scherze.

Aus Papier werden künstliche Figuren geknifft: Spiegel, Waschbank, Vogel, Doppelkahn, Speckfresser. Das Letzte und Schwerste ist die Gondel.

Schuffeln, Spiel mit Stahlfedern. Die Federn zerfallen in Unter- und Oberschuffler. Besonders lange heißen Bohnenspicker.

Stechen. Ein Schüler legt Bilder zwischen die Seiten eines Buches und läßt einen andern mit Federn (drei bis sechs Mal) in den Schnitt stechen. Dieser bekommt die Bilder, die auf der gestochenen Seite liegen, und zahlt die Feder als Eintrittsgeld.

Behexen. Sitte der Schuljungen: Einen (bes. am 1. Mai) mit Kreide bemalen. Man malt auf die Handfläche ein Paar Augen, Nase und Mund und schlägt dies Bild Einem auf die Jacke mit dem Ruf: „Det is der Deibel!"

Den Letzten geben. Beim Abschied giebt Einer dem Andern plötzlich einen Schlag auf den Rücken mit dem Ruf: „Hast'n Letzten!" und läuft davon, worauf dieser die Schande auf einen Andern abzuwälzen sucht. Vgl. Vers 93.

Anhang.

Verzeichniß der Ausdrücke für einige Lieblingsbegriffe des Berliners.

Trinken.
Büseln (biejeln), picheln — (Einen Schnaps) Abbeißen — Sich eenen bezehmen — Hinter de Binde jießen — Feifen — Heben — Sich zu Jemüthe führen — Jenehmijen — Kippen — Uf de Lampe jießen — Riskiren — Schmettern — Von' Churm blasen — Tuten — Zwitschern — 'n Lippentriller feifen.

Betrunken.
Anjedudelt — Anjeheitert — Anjeroocht — Anjesäuselt — Bednselt — Besizelt — Beschickert — Beschwippt — Blau — Duhne — Fizelig — In Gum — Illuminirt — Schwer (schief) jeladen — Knille — Molum — Rahmig — Schicker — in Thee — in Chran — in Tritt.

Betrunken wie
'ne Picke — 'ne Radehacke — 'ne Sackstrippe — 'ne Teke — 'ne Unke.

Rausch.
Affe — Hieb — Lüttiti ('n kleenen) — 'n Oelkopp (haben) — Schwips — Spitz — Suff — Zacken — Zinken.

Drohungen.
't jibt wat aus de Armenkasse! — 't jibt wat raus! — 't jibt langen Haber! — Sie haben wol lange keene Backzähne jespuckt? — Dir wer' ick's beibringen! — Ick hau' dir, dette Boomöl jibst! — Dir wer' ick bringen! — Krist'n Ding (wat 'n Fund wiegt)! — Dir wer' ick uf'n Drab bringen! — Den wer' ick de Eisbeene knicken! — Den wer' ick de Flöten-töne beibringen! — Dir soll der Deibel fricaffiren! — Dir wer' ick helfen! — Ihnen hat wol lange nich de Nase jeblut'? — Du krist eene, die sich jewaschen hat. — Ick hau' dir eene, dette denkst, Ostern un Fingsten fällt uf eenen Dag! — Sie haben wol lange nich in de Renne jelegen? — Du krist Hiebe, det de Schwade knackt! — Dir wer' ick uf'n Schwung bringen! — Det soll dir sauer ufstoßen! — Weeßte verstehste! — Den wer' ick bei de Hammelbeene kriegen! — Ick wer' dir zeijen, wat 'ne Harke is! — Den soll ja det Donnerwetter rejieren! — Soll ick dir mal in' steiwen Arm verhungern lassen? — Det mir nich de Hand aus-rutscht! — Ick hau' dir eene, det de Lause piepen! — Hast wol lange keen Berliner Roth jesehn? — Denn kannste deine Knochen int Schnupp-duch zu Hause dragen! — Laß dir man zusammenfejen!

Prügel, prügeln.
Binse (Bimße) — Haue — Jackenfett — Kalasche — Kloppe — Pecke — Risse — Schacht — Schmiere — Schmisse — Sinse — Stauke — Wachs — Walke — Wamse — Wichse.

Durchlalaschen — Einweihen — fauzen — Einen eins überjeffen —
ufbremsen — Einem eine verwischen — Einem was ufmischen —
Verkacheln — Verkeilen — Vermöbeln — Verpecken — Verfinsen —
Versohlen — Vertobaken — Vertuschen — Vertöppern — Verwalken —
Verwichsen — Uffrischen — Zudecken.

Ohrfeige und ihre Abarten.
Buckfeife — Manschelle — Quatsche — Schote — Knallschote — Schwalbe —
Schwappe — Cachtel — Verwendte.

Ohrfeigen.
(Einem eine) Andrehn — Kleben — ins Lakal hauen — löschen — runterhauen — runterlaatschen — runterlangen — Schwalbe stechen.

Wo man Einen packt.
bei de Binde — bei'n Kanthaken — bei't Klaffittken — bei'n Krips —
bei de Pape — bei't Schlaffittken — bei'n Schlung — bei'n Wickel.

Nase und ihre Arten.
Jurke — Letkolben — Kattoffelnese — Kümmelnese — Unge — Nuß —
Planschnese — Ramsnese — Riecher — Riechkolben — Stubsnese — Culpe —
Zinken.

Verwunderung, Staunen.
Ick denke, der Affe laust mir! (mir soll der Affe frisiren!) — Nu bitt' ick
Eenen (Menschen)! — Jott soll mir'n Dahler schenken! — Krist'n Dod
(in beede Waden)! — Krist'n blassen Dod! — Mein erster Jedanke war
Donnerwetter ic. — Nu frag ick Eenen! — Det war doch früher nich! —
Nu schlag' Eener lang hin! — Det jeht über de Hutschnur! — Na Jott
stärke! — Jott Strambach! — Sowat kraucht uf'n Boden nich rum! —
Is't de Möglichkeit! — Is't de Menschenmöglichkeit! — Krist de Motten. —
Nann wird's Dag! — Nee — aber sowat! — Ick denke, ick soll uf'n Rücken
fallen! — Wat sagt der Mensch (dazu)! — Nann hört's uf! — Da hört
sich denn doch Verschiedenes uf! — Donnerkiel! (Dunderkiesel!) — Dunder
Sachsen! — Na ick bitte zu jrüßen! — Na sowat lebt nich! — Nee —
über Jhnen aber ooch! — Sowat kraucht uf'n Boden nich rum! — J da
muß doch jleich 'ne olle Wand wackeln! — Nu brat' mir Eener 'n Storch!
(aber 'n milchernen! — aber de Beene recht knusprig!) — Na ick sage
ooch! — Ick fiel von Stengel! — Ick war janz paff (baff)! — Da hört
doch de Weltjeschichte uf!

Unter der Kritik.
Unter aller Kanaille. — Unter allen Kanickel. — Unter aller Kanone. —
Unter allen Luder. — Unter allen Muff. — Unter'n Nachtwächter. —
Unter aller Suppe.

Unsinn, Spaß.
Blaak. — Blech. — Blödsinn. — Feez. — Kaff. — Kaleika. — Kebs. —
Klimbim. — Klumpatsch. — Kohl. — Kree. — Kuddel. — Mumpitz. —
Stuß. — Tebs. — Zimmt.

Gleichgültig, gleich.
Det is draußen wie vor de Dühre. — Eene Piepe. — Eenjal (eingal). —
Jacke wie Hose — Muß wie Miene — Piepe — Pomade — Schnuppe —
Schnurz — Allens eene Wichse — Wurscht (wurschtig).

Sehr.
Aasig. — Blödsinnig. — Esig. — Eklig. — Haarig. — Hübsch. — Jehörig. —
Klobig. — Klotzig. — Knollig. — Lausig. — Diebisch. — Furchtbar. —
Haarsträubend. — Mordsmäßig. — Ochsig. — Riesig. — Schmehlich. —
Knollig. — Mächtig. — Verflucht. — uf Mord.

Schlecht, schwach.
Beebeet. — Belemmert. — Lumpig. — Mierig. — Mies. — Niederträch-
tig. — Nuttig. — Plundrig. — Poplig. — Power. — Schauderös. —
Schofel. — Stoobig.

Schlau, Schlaukopf.
Aas (uf de Jeije). — Anschleg'sch. — Behende. — Dreiherig. — Helle. —
Jerieben. — Jerissen. — Jewiegt (jewieft). — Polit'sch. — Mit Spree-
wasser jedooft. — Schlauberjer. — Schwerenöther.

Dumm, Dummkopf.
Bulljonkopp. — Demelack. — Desig. — Demlich. — Drege. — Dromlade. —
Drömlade. — Duge. — Dummerjan. — Dunstkiepe. — Duselig. —
Duzel — Duzelig. — Pappstoffel. — Potsdamer. — Schlummerkopp. —
Stiefel. — Strohkopp. — Theekessel. — Chranig. — Uge.

Verrückt, Verrücktheit und darauf bezügliche Redensarten.
Bestrampelt. — Brejenklietrig. — Se sind wol brustkrank? — Se sind wol'n
bisken dumm? — Du kannst wol nich davor? — Se sind wol nich von
hier? — Hast wol Hitze? — De bist wol —? — Bist wol nich bei Jroschens? — Hast wol'n Heber? — Hebert's dir? — Wenn Eener verrückt
wird, wird er't immer in Kopp zuerst. — Meschugge. — Bist wol aus
Mutz? — Dir pickt er wol? — Quesenkopp. — Bei dir rappelt's wol? —
Er hat Raupen in Kopp. — Bei den is 'ne Schraube los. — Verdrehte
Schraube. — Stich. — Strich. — Hast wol Tinte jesoffen? — Cippel-
inoudsch. — Bist wol nich bei Troste? — Sonst is Jhnen doch wohl? — Sie
sind wol nich janz unwohl? — Hast wol'n Vogel (Piepmatz)?

Geld.
Asche. — Kies. — Knöppe. — Kreten. — Möpse. — Moneten. — Moos. —
Penninge. — Pinke. — Pulwer. — Putt putt.

Betrügen.
Abluxen. — Beschummeln, — Beschuppen. — Beschupsen. — Betimpeln. —
Hoch nehmen. — Jnseefen. — Jeblaßmeiert. — Jelackmeiert. — Lackiren. —
Leimen. — Meiern. — Mogeln.

Stehlen, bestehlen.
Altern. — Ausführen. — Ausspannen. — Eenen de Oogen answischen. —
Jzen. — Sich zu Jemüthe ziehn. — Kiesen. — Klemmen. — Mausen. —
Mopsen. — Patern (Freipatern jelt). — Schießen. — Stemmen. — Striezen.

Verschwenden.
Aasen (mit etwas). — Veraasen. — Verdrücken. — Verknacken. — Ver-
leppern. — Verliedern. — Verludern. — Vermöbeln. — Verplempern. —
Verposementiren. — Verprezeln. — Verpuzeln. — Verquackeln. — Ver-
quasen. — Verfimsen. — Verwichsen.
Cigarren.
Extramnroa. — Freimauercijarre. — Infamia. — Jiftnudel. — Jimm-
stengel. — Liebesjabe. — Piejaz. — Rauch-du-fie. — Sauzahn. — Stin-
kadores (infamia). — Tobich. — Ziehjalie. — Ziehjarrn. — Zichorje.
Verderben.
Ramponiren. — Rujeniren, rnngeniren. — Verbubanzen. — Verfunfeien. —
Vermurksen. — Versauen. — Verschimpfiren.
Begrüßungs- und Abschiedsformeln.
Ju'n Dag ooch! — Ju'n Morjen, die Herrn! Schöner Dag heute Abend! —
Wie jeht's? — So so la la! — So lila! — Danke, et schneet! — Besser
wie id's verdiene! — Immer noch uf zwee Beene! — Muß jut sind, bis't
besser wird! — Danke, er befindet sich! — So sachteken! — Machen Se't
jut! — Leben Se so wohl als auch! — Adchee Sie! — Adchee Speck, jrüß
Schinken! — Schlafen Se wohlriechend! — Schlafen Se rund, det Se nich
eckig wer'n! — Jrüß Muttern!
Inschriften und Schilder.
Mehl- und Vorkosthandlung. — Limmwer Torf-Debit. — Milch- und Sahnen-Büreau. — Hier wird Spreewasser und andere kleine Fuhren gefah-
ren. — Hier werden Damen in und außer dem Hause frisirt. — Haupt-
Kitt- und Brenn-Anstalt (So hält der Kitt!) — Alle Sorten verschiedene
Biere. — Hier werden Rasirmesser sanft(schneidend) geschärft. — Salon für
niedere Chirurgie. — Frau Kuhlmey, Stadthebeamme. Auch wird ge-
schröpft. — Auf das Aufbügeln der Hüte kann gewartet werden. — Taba-
gie und Kegelbahn, früher häufige Inschrift der Vergnügungs-
lokale vor den Thoren, jetzt fast ganz verschwunden. Auch die Einladung
„Hier können Familien Kaffee kochen" zieht sich immer weiter zurück.
Volksthümliche Namen von Bierlokalen.
Die schmale Weste. — Die Feldtrompete. — Der hungrige Wolf. — Der
blutige Knochen. — Der schwere Wagner (der alte und der neue), Char-
lotten- und Behrenstraße. — Das Siechenhaus, Siechens Bierhaus in der
Jägerstraße. — Der Kuhstall, Lokal von Böhme in der Invalidenstraße. —
Der jrobe Jottlieb, Keller in der Brückenstraße. — Die neue Welt, früher
vor dem Frankfurter Thor. — Die sieben Töchter, Lokal von Pietzkowsky
in der Jungfernheide. — Der dolle Hengst, Tanzlokal „zum Fürsten
Blücher" am Wedding. — Der schloddrije Jummischuh, Lokal von Albrecht
am Plötzensee. — Der Bock und die Zibbe, an der Spandauer Chaussee.
Das ältere, kleine Lokal zur Linken ist der Bock.